量化投资前沿丛书

基本面量化投资

——数据、方法与策略

喻崇武◎著

FUNDAMENTAL
QUANTITATIVE INVESTING
Data, Methods and Strategies

本书得到国家自然科学基金青年项目"金融摩擦、杠杆率与经济增长：基于微观数据和HANK模型的研究"（批准号：72003007）、教育部人文社会科学基金青年项目"非金融企业部门债务结构与经济增长：基于金融摩擦视角的研究"（批准号：20YJC790169）、国家自然科学基金面上项目"政策组合特征识别及其对发展中国家能源技术创新的影响：基于风电技术专利的研究"（批准号：71874009）以及北京第二外国语学院2021年度青年拔尖人才（团队）培育计划项目"企业技术创新协同战略与风险控制"的资助。

经济管理出版社
ECONOMY & MANAGEMENT PUBLISHING HOUSE

图书在版编目（CIP）数据

基本面量化投资：数据、方法与策略 / 喻崇武著 . —北京：经济管理出版社，
2022. 12

ISBN 978-7-5096-8913-4

Ⅰ.①基… Ⅱ.①喻… Ⅲ.①投资—量化分析 Ⅳ.① F830.59

中国版本图书馆 CIP 数据核字（2022）第 254557 号

组稿编辑：王光艳

责任编辑：李红贤

责任印制：黄章平

责任校对：徐业霞

出版发行：经济管理出版社
　　　　　（北京市海淀区北蜂窝 8 号中雅大厦 A 座 11 层　　100038）

网　　　址：www. E-mp. com. cn

电　　话：（010）51915602

印　　刷：北京市海淀区唐家岭福利印刷厂

经　　销：新华书店

开　　本：710mm×1000mm /16

印　　张：14.5

字　　数：162 千字

版　　次：2023 年 2 月第 1 版　　2023 年 2 月第 1 次印刷

书　　号：ISBN 978-7-5096-8913-4

定　　价：68.00 元

前　言

　　基本面量化投资是一个跨学科的领域，涉及的一级学科包含应用经济学、社会学、心理学、数学、系统科学、计算机科学与技术、工商管理等。从科学研究的角度，基本面量化投资的基本过程是，寻找并有创意地应用科学定律（包含人文社会科学定律和自然科学定律），系统化、批量化地解决现实投资实践问题，最终实现价值创造和财富增值。基本面量化投资研究应当具备脚踏实地的工程思维，在没有结构的情况下预见结构，在约束条件下熟练地设计，经过深思熟虑和反复验证之后对解决方案和备选方案做出决断。

　　这是我的基本面量化投资系列的第三本书。并非说我有多高产，或者有多浮夸，写书只是我对这个领域的探索、学习、总结与分享的一种方式，秉承工程思维来一砖一瓦地搭建基本面量化投资这座高楼大厦。第一本书《量化投资理论与实务：价值评估的视角》介绍了基本面量化投资的理论基础，核心是基于股票的相对价格或内在价值评估来建立选股标准。第二本书《基本面分析方法与案例：从宏观经济到企业估值》主要讨论如何规范、系统地进行基本面分析以评估企业的价值，从基本面分析的角度为量化投资建模奠定了结构性基础。而本书试图在前两本书的基础上，进一步具体地讨论如何获取各种数据、灵活运用各类方法来开发和构建基本面量化投资策略。

　　本书紧紧围绕企业经营实质和股票价格的决定机制，旨在提供一个系统的、具有启发性的基本面量化投资研究与实践范式。全书共包含五个部分。第一部分是第1章，主要介绍基本面量化投资相关概念、理论逻辑与以往研究中存在的问题。第二部分是第2章，主要介绍基本面量化研究涉及的一些重要的方法论。第三部分包含第3、4、5章，分别介绍如何构造基本面量化投资模型的三大价值组件，即现金流、未来增长与风险。第四部分是第6章，主要讨论如何抓捕并构建基本面量化投资模型的非价值组件，即价值之外的市场因素。第五部分是第7章，主要讨论如何基于前面几章的内容来构建一个完整的基本面量化投资策略。

　　本书具有四个特色：一是基于因果关系的工程思维，援引大量跨学科权威的因果关系研究，构造价值评估所需的现金流、增长和风险组件，一砖一瓦地构建基本面量化投资模型。二是超越了会计报表和历史数据，紧紧围绕企业经营实质和股票价格决定机制，采用多种前沿技术聚焦于对未来的预测。三是注重中国市场的实际应用场景，书中采用了大量国内的研究结果，以期为国内相关研究人员和实务工作者提供更有借鉴意义的参考。四是具有探索性质，基本面量化投资是一个新兴的综合性跨学科领域，书中很多前沿的方法与理论尚未得到充分的实践证明，但我们会继续努力，不断地向读者呈现最新的相关研究成果。

　　本书既可以作为基本面量化投资策略开发的实操手册，也可以作为方法论参考。我们再三思量，并没有放入作者自己的策略，主要有两个原因：①基本面量化投资应当是一个创造性、创新性的领域，因此，我们更加注重提供一些原则性、方法论性的内容；②整个投资界，尤其是国内量化投资领域已经充满着急躁的氛围，很多人都试图利用一些简单的、现成的方法来追求业绩，为了改变这种不利的局面，我们试图以这种方式来鼓励读者和我们一起探索，为这个领域做出更多有价值、有创意的贡献。

目　录

1 基本面量化投资概览 / 1

5　评估企业的风险 / 117

1

基本面量化投资概览

作为国外证券市场发展多年且比较成熟的一种投资方式，量化投资在国内起步较晚，但发展十分迅速。随着经济金融理论与计算机技术的发展，量化投资领域不断率先尝试和应用各种全新的技术，不停地驱动着量化投资方法的更新与进化。不论量化投资的外在形式与技术手段如何变化，基本面量化投资一直是量化投资领域的核心理念与方法。

1.1 相关的基本概念

1.1.1 基本面分析

基本面分析是指，通过定性与定量的方法相结合，尽可能地分析与公司相关的所有公开信息来估计股票的价值。如果价值是通过内在价值评估方法得到的，就是内在价值。如果是通过相对估值方法得到的，就是市场隐含的公允价格，也称为相对价值或者相对价格，为了避免概念混淆，在后文中统一称为相对价格。如果股票的市场价格高于估计出来的内在价值或者相对价格，就可以卖空该股票；反之，则应该购买该股票。

基本面分析的理论发展和实践应用可以追溯到 Graham 等（1934）的经典著作 *Security Analysis*。他们指出，股票投资应当基于对价值的判断，而股票的价值是由基本面因素决定的。价值评估方法的不断改进是基本面分析发展的一条主线。股票价值评估方法主要包含内在价值评估和相对价格评估。内在价值评估方法主要分为三类：

❖ 折现率调整模型，包含股利折现模型、潜在股利折现模型以及自由现金流模型等。

❖ 超额收益模型或者剩余收益模型。

❖ 调整现值模型。

相对估值模型采用一些估值倍数来评估相似资产的价值，相关研究的演进主要体现在研究估值倍数的决定因素、如何选择可比公司以及如何控制它们之间的差异。

1.1.2　技术分析

技术分析是相对于基本面分析而言的，它主要根据股票价格和交易量等市场历史数据来预测股票价格的未来趋势。技术分析有两个核心假定：

❖ 股票价格反映了所有可获得的公开信息，因而它集中于通过利用数学和统计手段来预测未来价格走势，而价格变动又主要取决于供需关系。

❖ 价格运动具有可识别的模式，这些模式随时间变化而重复发生。技术分析试图通过寻找价格变化的固有模式来理解价格运动背后的市场情绪等非理性因素。

技术分析最早可以追溯到 19 世纪后半期 Charles Dow 的道氏理论，被 Edwards 和 Magee（1948）及后续多个版本的经典著作——《股票趋势的技术分析》（*Technical Analysis of Stock Trends*）推广。技术分析研究的演进有两条主线：

❖ 在市场有效性检测的基础上，讨论技术分析能否预测未来股价变化，并通过一定的交易策略获得超额报酬。

❖ 研究所采用的分析工具和技术，比如统计和计量模型、预测变量指标以及相关算法等。

1.1.3　基本面量化投资

量化是指将通过仔细观测或深入分析得到的一些模式进行分解后，在更大的范围内以更快的速度进行复制的过程。量化投资是一种以数量化统计分析为工具，对一些投资风格或投资原则进行分解后，将其中易于观测和规模化的成分提取出来批量化复制和推广的投资方式。

早期的量化投资可以追溯到 Markowitz（1952）的资产组合

理论、Sharpe（1964）和 Lintner（1965）的资本资产定价模型
（Capital Asset Pricing Model，CAPM）以及 Fama（1970）的有效
市场假说。量化投资研究的演进也主要体现在对所采用方法和技
术的改进上，包含以下几个方面：

❖ 基于历史数据的概率统计分布开发资产定价模型。

❖ 利用统计和计量模型进行收益率预测和风险管理。

❖ 采用数学方法进行均衡分析、动态分析和最优化问题求解等。

❖ 开发和改进所涉及的相关算法。

到目前为止，业界和学界尚未对基本面量化投资的概念达成
广泛的共识。本书将基本面量化投资定义为：**利用数量化分析技
术，批量化地实现和推广以基本面分析为基础的投资策略。**

这是一个非常宽泛的定义，但包含了三个核心的要点：

❖ 初始投资策略（被批量化地实现和推广的策略）可以是任意
的，但应当以基本面分析为基础。这意味着初始策略可以是一个完整
的价值投资策略，即估计出每只股票的内在价值或者市场公允的相对
价格，然后利用其与市场价格之间的偏差来寻找盈利机会；也可以是
基于价值投资的一个点或一些点形成的局部性策略，比如购买成长股
或者低估值股。但第二类策略的潜在假定是，其他因素并不重要。

❖ 模型要能够被批量化地实现和推广。这意味着投资模型必须
在精确性（估值的准确性）和稳健性（能够覆盖的股票数量和适用的
场景数量）之间做出权衡取舍。一些模型可能很精确，但是由于数据
的缺失或者模型普适性的欠缺，能够覆盖的股票数量较少；而另一些
模型可能并不精确，但是能够覆盖的股票数量却很多。

❖ 需要利用数量化分析技术。数量化分析是能够批量化实现和
推广的前提，因此，准确、规范地将所能获取的各种形式的数据定量
化并建立起合理的模型是基本面量化投资的一个关键。

这个定义意味着，基本面量化投资最核心的理论基础并不是
CAPM 和套价定价理论（Arbitrage Pricing Theory，APT），而是
价值评估理论。目前被广泛运用的多因子模型可以作为构建基本

面量化投资模型的一条可供选择的途径，但不是唯一的出发点。基本面量化投资的核心不是孜孜不倦地挖掘各种各样有助于直接预测未来股票收益率的因子，而是想方设法更加准确地、有效率地评估股票的内在价值或者市场公允的相对价格。

1.2 股票价值的决定因素

从本质上来说，股票是一种所有权凭证，因此，它的内在价值等于相应持股份额的公司的所有权价值。估计一家持续经营公司内在价值的模型有很多，常用的有两大类，即折现现金流模型和相对估值模型（Damodaran，2007）。本节通过这两类模型来阐明股票价值的决定因素。

1.2.1 股票的内在价值

人们常常购买资产，是因为预测这些资产将在未来产生现金流。这意味着，资产的价值并非人们认为它值多少钱，而是取决于该资产未来能够产生的现金流。如果信息完全，人们能够精确地预知未来的现金流和折现率，那么，将未来现金流折现就能得到资产的真实价值，也称内在价值（Damodaran，2012）。

折现现金流模型是评估企业内在价值的主要工具。广义的折现现金流模型包含折现率调整模型、剩余收益模型以及调整现值模型等。这里采用调整折现率的标准折现现金流模型来说明股票内在价值的决定因素，公式如下：

$$V_0 = CF_0 + \sum_{t=1}^{\infty} \frac{E_0(CF_t)}{\prod_{i=1}^{t}(1+r_i)} \tag{1.1}$$

其中，V_0 表示股票在零时刻的内在价值；CF_0 表示零时期的现金流；$E_0(CF_t)$ 表示对未来现金流的预期；r 表示折现率。

式（1.1）表明，股票的内在价值取决于当期现金流、预期现金流的增长以及用折现率衡量的风险。一些投资者购买股票并非为了长期持有，而是希望在未来价格更高的时候卖出以赚取差价。这时可以对式（1.1）做适当调整：持有期是有限的，将持有期结束时的预期股价作为终值。由于终值由持有期结束后所有期的现金流和风险决定，因此，股票的内在价值仍然取决于当期现金流、预期现金流的增长以及风险。

标准折现现金流模型并不适用于所有公司，尤其是在当前资产价值占比较高或者未来现金流难以预测的情形。对于当前资产占比较高的公司，可以采用剩余收益模型；而对于未来现金流难以预测的公司，可以采用经济增加值模型。但不论在何种模型中，股票内在价值的决定因素基本都是一致的。表 1-1 列示了主流价值评估模型中股票内在价值的决定因素。在调整现值模型中无杠杆公司的内在价值取决于无杠杆公司的预期增长率、现金流和风险，因此，关于股票内在价值决定因素的观点，该模型与标准折现现金流模型也是一致的。

表 1-1　股票内在价值的决定因素

估值模型	决定因素
标准折现现金流模型	预期增长率（＋），现金流（＋），风险（－）
调整现值模型	无杠杆公司的内在价值（＋），预期税盾收益（＋），预期破产成本（－）
经济增加值模型	当前投入资本价值（＋），当前投入资本产生的经济利润（＋），未来新的投资机会产生的经济利润（＋），风险（－）
剩余收益模型	当前权益账面价值（＋），未来预期净利润（－），未来权益账面净值（＋），风险（－）

注：括号内的符号表示决定因素对股票内在价值的影响方向。

1.2.2 股票的相对价格

相对估值模型常常通过将一些估值倍数（如市盈率、市销率、市净率以及公司价值与现金流比率等）在一组可比公司之间进行比较，判断相对价格的便宜程度。由于它依据市场对相似资产的已有定价来估计标的资产的相对价值，因此，这个价值也被称为市场隐含的公允价格。

相对估值模型具有两个核心假定：

❖ **市场整体是有效的，个别股票定价可能偏离其内在价值。这个假定为基于市场平均定价来估计股票价值提供了空间。**

❖ **市场定价遵从一价法则，在交易费用为零的条件下具有相同特征的股票应当具有相同的价格。这个假定建立在折现现金流模型和前一假定基础之上。**

折现现金流模型认为，如果一组企业具备相同的现金流、增长和风险特征，则它们的内在价值相同。进一步地，如果市场整体有效，那么，在平均意义上，具有相同特征的企业也具有相等的市场价格。但现实中不存在完全相同的企业，只有在合理控制企业间差异后，特征相似的企业才具有相近的价格，这组特征相似的公司被称作可比公司。

我们以市盈率为例，利用 Gordon 模型来阐明市场隐含的公允价格和公允价格倍数的决定因素。隐含的公允市盈率可以表示为：

$$PE = \frac{P_0}{EPS_0} = \frac{(1-Por) \times \left[1 + E\left(g^{Dvd}\right)\right]}{r - E\left(g^{Dvd}\right)} \tag{1.2}$$

其中，PE 表示市场隐含的公允市盈率；P_0 表示市场隐含的公允价格；EPS_0 表示每股收益；Por 表示股利支付率；$E\left(g^{Dvd}\right)$ 表示预期股利增长率；r 表示权益资本成本。

将式（1.2）中的每股收益移到第二个等号右边就得到市场隐含的公允价格。如果市场有效，市场隐含的公允价格就等于内在价值。式（1.2）有两层含义：第一，公允市盈率和公允市场价格取决于公司的股利支付率、预期股利增长率和风险；第二，公允市盈率与预期股利增长率和风险之间的关系是非线性的，且对风险和预期股利增长率的变化极其敏感。分解其他公允价格倍数也会得出相似的结论，表1-2列示了主要的公允价格倍数及其基本面决定因素。

表1-2　主要的公允价格倍数及其基本面决定因素

公允价格倍数	决定倍数的基本面因素
市盈率	预期增长率（+），股利支付率（+），风险（−）
市净率	预期增长率（+），股利支付率（+），风险（−），净资产收益率（+）
市销率	预期增长率（+），股利支付率（+），风险（−），净利润率（+）
EV/EBITDA	预期增长率（+），税后经营利润率（+），风险（−），再投资率（−），税率（−）
EV/投资资本	预期增长率（+），再投资率（+），风险（−），投资资本收益率（+）
EV/企业销售收入	预期增长率（+），再投资率（−），风险（−），税后经营利润率（+）

注：其中EV表示经济增加值，EBITDA表示税息折旧及摊销前利润，括号内的符号表示因素对公允价格倍数的影响方向。

1.3　影响股票价格的因素

随时间变化，股票市场总体回报率是可以预测的。总体市场之外的因子是股票横截面风险溢价的来源，这为股票价格的分解提供了空间。下面从市场总体和横截面个股两个维度来考察股票市场价格的影响因素。

1.3.1 总体价格的决定因素

如果市场有效，股票的市场价格会充分反映当前所有可获得的关于公司的信息，市场价格等于内在价值。如果新的冲击使得企业内在价值产生改变，人们一旦获得这些信息，市场就会迅速调整，使价格重新等于内在价值。这意味着，在任何时点上相对于投资者拥有的信息而言，股票定价都是准确的，任何人或者交易策略都不能提前利用公开信息赚取超额收益。但诸多事实并不支持有效市场假说。一些早期研究发现，未来现金流的波动程度远不足以解释股票价格的波动程度。当新的会计信息公布后，股票价格的调整通常是一个连续的过程，而不是立即调整到新信息对应的价格。股价在盈余公告后通常会出现漂移现象，好消息公布后股价有持续上涨的趋势，而坏消息公布后股价有持续下跌的趋势。这些现象意味着资本市场并非完全有效，而是处于一种弱有效的状态。

Shiller 等（1984）提出了一个经典的关于股票总体价格决定因素的模型。他们将交易者分为聪明投资者和噪声投资者。聪明投资者能够理性预测股票收益并做出无偏的反应，但由于财富的限制他们不能购买市场上的全部股票。假定他们对股票的需求与市场回报率之间呈线性关系，即 $Q_t = \left[E_t\left(R_t\right) - \rho \right]/\varphi$。其中 Q_t 表示聪明投资者的需求份额；$E_t(\bullet)$ 表示预期；$R_t = \left(P_{t+1} - P_t + D_t\right)/P_t$ 是包含股价差和股利的股票市场实际回报率，P_t 是股票价格，D_t 是股利；ρ 是他们对股票恰好无需求的预期实际报酬率；φ 是持有股票的风险溢价。噪声投资者不依据基本面信息进行交易，他们对股票的需求份额为 Y_t/P_t。股票价格由市场上的需求和供给决定，市场出清时，股票价格可以表述为：

$$P_t = \sum_{i=0}^{\infty} \frac{E\left(D_{t+i}\right) + \varphi E\left(Y_{t+i}\right)}{\left(1+\rho+\varphi\right)^{i+1}} \tag{1.3}$$

股票价格等于聪明投资者的预期股利和 φ 乘以噪声投资者股票需求之和，然后用折现率 $(\rho+\varphi)$ 折现的现值。这意味着，在弱有效的市场条件下，股票总体价格由理性投资者对内在价值的预期（未来股利折现值）和非理性投资者的需求共同决定。二者的重要性取决于理性投资者的风险溢价水平 φ，当 φ 等于零时，股票价格等于其内在价值；当 φ 趋于无穷大时，股票价格仅仅受到非理性的噪声投资者需求的影响，内在价值在定价上不起任何作用。

Shiller 等（1984）说明在弱有效的市场条件下，股票价格除了受到理性投资者对内在价值预期的影响外，还受到非理性投资者的情绪、交易行为等因素的影响。

1.3.2 个股价格的决定因素

在对整个股票市场加总收益率决定因素理解的基础之上，Vuolteenaho（2002）对个股价格进行了分解。在干净盈余关系假定下，市净率的对数可以表示为：

$$\log\left(\frac{P_{t-1}}{BV_{t-1}}\right) = a_{t-1} + \sum_{i=0}^{\infty} \rho^i r_{t+i}^{1exc} - \sum_{i=0}^{\infty} \rho^i \left(ROE_{t+i} - r_{t+i}^f\right) \qquad (1.4)$$

其中，角标 t 表示时期；P_t/BV_t 是市净率；ROE_t 是权益报酬率；a_t 表示一个常数加上随机误差项；ρ 是折现率；$r_t^{1exc} = \log\left(1+r_t^f+r_t^{exc}\right) - \log\left(1+r_t^f\right)$ 是对数形式的股票超额回报率；r_t^{exc} 表示简单股票超额回报率；r_t^f 是无风险利率。

对上式进行重新整理，可以得到：

$$r_t^{1exc} = E_{t-1}\left(r_t^{1exc}\right) + \nabla E_t\left[\sum_{i=0}^{\infty} \rho^i\left(ROE_{t+i} - r_{t+i}^f\right)\right] + \nabla E_t\left(\sum_{i=0}^{\infty} \rho^i r_{t+i}^{1exc}\right)$$
$$+ \nabla E_t\left(a_{t-1}\right) \qquad (1.5)$$

其中，$\nabla E_t(\bullet)$ 表示从 $t-1$ 期到 t 期的预期变化；等号右边第一项表示上一期对超额收益的预期；第二项表示现金流新闻冲击；

第三项表示折现率新闻冲击；最后一项表示除现金流新闻冲击和折现率新闻冲击之外的其他因素，包含残差变化和模型设定偏误等。

这意味着出乎意料的股票价格变化主要来自现金流新闻和折现率新闻。现金流新闻一般包含企业盈利以及盈利能力的变化，而折现率新闻包含投资者预期风险（如经营风险、债务违约风险等）的变化。

前述分析说明，在弱有效的市场条件下，股票价格在总量上取决于理性投资者的价值信念和非理性投资者的投资行为，而在个股层面则取决于现金流冲击、折现率冲击以及其他一些随机因素。这个观点被一些来自文本分析的实证研究所验证。

1.4　多因子模型的基本原理

到目前为止，多因子模型是构建基本面量化投资模型的最主要的工具之一，因此，我们有必要理解其背后的基本原理。从金融学的角度，多因子模型的理论根植于 CAPM 和 APT。自 Fama 和 French（1993）提出第一个多因子模型后，多年来涌现了丰富的拓展性研究，它们在学界和业界都产生了深远影响。多因子模型的基本形式如下：

$$E\left(r_i^{exc}\right) = \alpha_i + \boldsymbol{\beta}_i'\boldsymbol{\lambda} \qquad (1.6)$$

其中，$E\left(r_i^{exc}\right)$ 表示股票 i 的预期超额收益，α_i 表示股票的实际预期收益与多因子模型的预期收益之间的差异，它如果不是来自模型偏误，则可能意味着通过套利获得超额收益的机会；向量 $\boldsymbol{\beta}_i$ 表示资产的因子暴露或者因子载荷，向量 $\boldsymbol{\lambda}$ 表示因子预期收益或者因子溢价。

多因子模型假定资产的预期超额收益由一系列因子的预期收

益率和股票在这些因子上的暴露决定。

在以前，如果多因子模型包含基本面因子并强调它们的作用进行的量化投资就被称为基本面量化投资。很多主流的多因子模型都包含了基本面因子。Fama 和 French（1993）提出的模型和 Carhart（1997）提出的模型包含了规模和价值两个维度的基本面因子；Novy-Marx（2013）提出的模型包含了价值和盈利两个基本面因子；Fama 和 French（2015）提出的模型包含了规模、价值、盈利和投资四个基本面因子；Hou 等（2021）提出的模型包含了规模、盈利和投资三个基本面因子；Stambaugh 和 Yuan（2017）提出的模型则采用了规模、管理和表现三个基本面因子，其中管理因子用股票净发行量、应计利润、经营资产、总资产周转率以及投资—总资产比率等几个维度的平均排名来衡量，表现用财务困境、O-Score、动量、毛利率和总资产回报率五个维度平均排名来衡量。

1.5 以往研究主要存在的问题

利用多因子模型来构建基本面量化投资模型，是一种极具吸引力且被学界和业界广泛应用的思路。但这种公式化的投资策略还处在初期阶段，尚存在诸多问题。

1.5.1 未能深刻理解价值和价格的决定机制

很多研究在构建基本面量化模型时，直接采用财务报表上的信息来构建价值因子。但这些报表显示的是会计信息而不是估值信息，本身并不直接体现其在价值和价格上的真正含义。一些研究没有把研发费用、广告费用等会引起未来现金流入增加的支出资本化，导致一些研发投入较多的高科技企业和广告费用较多的消费品企业等的估值倍数偏高，特别是当这些企业处于高速成长阶段时偏离幅度会更大。一些研究在采用市盈率时，没有在收入中剔除非常规事项和非持续经营事项，这会导致企业利润和市盈率出现异常波动。如果不对财务报表做出充分调整以体现出价值层面的含义，那么，用这些数据构建的因子本身是没有任何意义的。相对估值理论表明，只有将会计信息按照价值评估的原则进行转换，构建统一定义且具有一致性的价值因子，才能使所有备选股票之间具备可比性。会计信息的缺陷导致相对价格倍数不能识别真正低价的股票，这一观点已经得到验证。部分文献开始对一些常用比率进行调整，但这些调整都是局部性的，尚未形成一套完整的将会计信息转化为估值信息的合理规则（Chan et al., 2001；Mohanram, 2005）。

折现现金流模型表明股票内在价值取决于当期现金流、预期增长率和风险水平。多因子模型的质量维度基本涵盖了这几个方面，但每个维度的因子却不能准确度量这些元素。首先，折现现金流模型的当期现金流是指由公司持续经营的主营业务产生的现金流，而多因子模型通常采用整个公司的资产回报率、权益回报率、投资资本回报率等指标来度量盈利能力。当公司存在较大额度的非主营业务收入时，公司的盈利能力显然会被高估。其次，折现现金流模型中的增长率是指现金流的未来预期增长率，而多因子模型通常采用各项盈利指标的历史增长率来替代。当企业经营效率或者外部环境发生变化时，二者间的差异将不容忽视，甚至两种度量方式会产生相反的结果。最后，折现现金流模型中的风险是指公司未来现金流变化的不确定性，而多因子模型通常采用历史数据估计出来的收益率波动性、公司财务造假或者陷入财务困境的可能性来衡量安全性。综上所述，质量因子对股票内在价值的刻画只能做到形似，不能真正形成对内在价值的有效度量或预测。

1.5.2 价值与价格相互分离

多因子模型通过价值因子来选择低价的股票，通过质量因子来选择高质量的股票。但没有一个统一的框架将价值和价格合理地整合起来以比较股票的市场价格与其内在价值。这导致模型难以真正识别价格低而质量高的股票，基于估值因子的因子择时失效，甚至可能将一些增长潜力很大但估值倍数略高的优质股票剔除股票池。当市场整体定价有偏的时候，模型不能提供合理的投资建议。

多因子模型的选股过程依赖于一个基本假定，即选股因子与股票预期收益之间存在着良好的线性关系。如果某些因子与股票预期收益率之间不存在显著的线性关系，就难以选择出真正有潜力的股票。相对估值理论表明，绝大多数价值因子与股票预期收益率之间的关系都不是线性的，预期增长率高、风险低、股利支付率和利润率高的企业，其公允价格倍数也高。这意味着，尽管我们观测到一些公司的价格倍数很高，但可能由于其预期增长率高、利润率高或者风险低，它们的股票仍然是低价的；而一些公司尽管其估值倍数低，但由于其预期增长率低或者风险较高，它们的股票却是高价的。这种观点已经得到了部分实证研究的支持。Fama 和 French（1992）发现市盈率倒数与未来股票收益率之间的关系呈 U 形，Fama 和 French（2015）发现加入盈利和投资因子后相对价格因子的预测功能不再显著。一旦价值因子与预期收益率之间的非线性关系掩盖了质量因子的作用，整个多因子模型的选股过程就会失效。但很多研究仍然执迷于估值倍数与股票预期收益率之间的线性关系，而随着时间推移，价值因子与预期收益率之间的关系越来越弱，以至于一些文献开始质疑"价值因子已死"（Israel et al.，2020）。

一个好的多因子模型可以为投资者提供获得超额收益的潜在

空间，良好的择时策略才能保证超高的收益。基于估值因子的择时是多因子模型择时的一个重要手段，其基本原理是当因子显得便宜时配置，当因子显得昂贵时就搁置。但估值因子择时的有效性依托于价值因子本身的有效性，当价值因子失效时基于它的择时也就自然而然地失效。由于直接采用估值倍数作为价值因子本身不能显示出股票是否便宜，因此，价值与价格的分离也导致基于估值因子的择时也是无效的。

在构建多因子模型时，很多研究为了让数据分布更加均匀和避免极端值对参数估计造成不利影响，通常会剔除极端值。常见的剔除方法包含缩尾法、三倍标准差法或三倍绝对中位差法。缩尾法是对变量排序后将小于和大于一定分位数的指标值剔除。三倍标准差法是剔除落在预测变量均值三个标准差以外的股票。三倍绝对中位差法与三倍标准差法相似，只是用绝对中位差替换了标准差，这种方法更加有利于缓解异常值的干扰。由于估值倍数对增长率和风险的变动极其敏感，剔除极端值的过程很容易排除那些高增长或低风险的股票。尤其是一些快速成长的高科技企业、服务型企业和消费品企业，这些股票的公允价格倍数本身就极高，再加上会计信息的扭曲，这些股票极其容易落入"异常值"的范围，进而被直接排除在股票池外。

1.6 本书的主要内容

本书紧紧围绕企业经营实质以及股票价值与价格的决定机制，从如何获取所需要的数据、灵活运用各种方法以及搭建基本面量化投资策略三个维度，提供了一个统一且内在逻辑一致的基本面量化投资框架，用于解决当前基本面量化投资面临的主要困难。

第 1 章介绍了基本面量化投资的相关概念、理论逻辑等。

第 2 章是本书的方法论基础，主要介绍了如何评估文献，如何获取和处理一手数据和二手数据，如何识别因果关系，以及一些前沿的技术工具（比如文本资料分析技术、混频数据模型以及机器学习模型）。

第 3 章主要介绍了如何系统地重构企业的财务报表，将会计信息转化为投资信息。主要包括如何调整无形资产、经营租赁、非持续经营项目、并购和剥离资产以及对外投资和交叉持有等，并参照现金流量表的划分方式对资产负债表和利润表中的项目重新进行分类，以提升财务报表数据成本与收益之间的匹配性。通过重构企业财务报表，我们可以获得用于评估企业现金流和预测未来增长的基础数据。但需要注意的是，如果是评估企业的财务造假或者其他合规性风险，最好使用原始的未经调整的财务报表。

第 4 章主要介绍了如何预测企业未来的增长。影响企业增长的因素有很多，我们分别从宏观、行业、企业和个人四个层面讨论如何量化影响企业未来增长的重要因素，并介绍了三种预测企业未来增长的方法，即基于分析师的预测、计量经济方法和多指标综合评价集成模型。

第 5 章主要介绍了如何评估企业的风险。企业的风险可以分为很多层，比如财务造假风险、经营风险、财务困境风险、内部控制风险和用资本成本度量的风险。其中首要的是财务造假风险，因为目前以及未来很长一段时期，企业披露的财务报表是构建基本面量化投资模型最重要的数据来源之一。用资本成本度量的风险并不是严格意义上的基本面层面风险，而是一个由投资者意识到并反映在市场上的风险度量指标。

第 6 章基于行为金融学领域的一系列研究结果，介绍了如何抓捕股票价格中的非价值因素，比如投资者估值信念的异质性和非理性行为等引发的偏差、投资者情绪以及动量效应。其中动量效应是一个综合性的成分，它经常用于抓捕所有的其他部件不能抓捕的趋势性因素。

第 7 章在前面几章的基础上，着重讨论如何构建一个完整的基本面量化投资策略。依据所采用的估值模型不同，我们将基本面量化投资策略分为四类，即基于静态和动态相对估值模型的量化投资策略以及基于静态和动态内在价值评估模型的量化投资策略。

1.7 阅读建议

基本面量化投资是一个新兴的跨学科领域，构建一个完善的基本面量化投资模型就如同修建一座大楼，需要精心地设计并一砖一瓦地堆砌。

本书是我们基本面量化投资系列的第三本著作，专注于探索和解决基本面量化投资领域的一些前沿问题。在阅读本书之前，建议读者先阅读系列丛书的前两册《量化投资理论与实务：价值评估的视角》和《基本面分析方法与案例：从宏观经济到企业估值》，或者其他相关书籍。

我们对本书的定位是量化投资领域的进阶或高级读物，面向的主要受众是专业投资者、致力于通过辛勤研究在股市上获取长期收益的人。当然，非专业人士如果能静下心来认真阅读和理解书中的知识并学以致用，也一定能成功找到通向财务自由之路。此外，本书也可以作为高年级本科生或研究生的专业教材。

目前来看，本书可能属于基本面量化投资领域的前沿著作，因为其中涉及大量新知识和新技术，甚至书中介绍的一些获取和处理数据的方法在目前实现有一定难度，但是我们坚信，随着科学技术的发展和人类知识储备的累积，这些目前看起来很困难的东西在不久的未来都会成为简单的事物，甚至沦为常识。

读者可以将本书作为一个工具箱，参考书中的方法构建各种异象因子，进而构建一些局部基本面量化投资策略。如果这么做，读者也许会获得一些意外的惊喜。读者也可以将本书视为一本实操手册或者指南，按部就班地参照本书介绍的方法来开发完整的全局基本面量化投资策略。

最后，要说的是，在大多数情况下，尽管错误答案比比皆是，但是正确答案也肯定不止一个。正式阅读本书之后，我们希望读者是享受的，并对基本面量化投资有更多的了解。

2

CHAPTER 2

基本面量化投资研究方法

　　基本面量化投资是一个跨学科的综合性复杂领域，我们不仅需要读懂不同领域的研究结果，而且需要科学地评判哪些研究结果是有用的，这样才能灵活地运用各种数据和方法，科学、规范地开展自己的研究设计，并最终获得稳健的超额收益。因此，了解和掌握研究方法与相应的技巧是非常必要的。

　　本章主要介绍基本面量化投资研究所涉及的一些重要研究方法，这些方法大多数是本书后面章节将会使用的。本章安排如下：2.1 主要讨论如何批判性地评估文献，大多数量化投资策略的构建都是始于对相关文献的阅读和评估。2.2 和 2.3 分别介绍如何获取和使用一手数据和二手数据以及相关的注意事项。2.4 主要讨论因果关系与因果推断方法，包含因果关系的基本概念、两类因果推断模型以及常见的因果推断方法。2.5 至 2.7 主要介绍三类基本面量化投资研究相关的前沿方法，包含文本资料分析、混频数据模型以及机器学习方法。

2.1 文献评估

基本面量化投资策略有很多不同的来源。可以来自现象驱动，比如观察到被特殊处理（Special Treatment，ST）的股票价格会迅速大幅下跌，就可以通过预测企业的财务风险来构建做空策略。也可以来自方法驱动，比如以往大多数策略通过 T 检验来考察不同投资组合收益率之间差异的显著程度，就可以考虑用 MR 检验（Patton & Timmermann，2010）替代 T 检验来重新检查策略。还可以来自深度思考或与人交流产生的灵感，比如战略管理专家告诉我们现实中大约 80% 并购并不能提升企业业绩，甚至过度多元化会对业绩有负向影响，据此可以考虑建立一个并购风格策略。甚至可以来自广泛阅读的文献，比如从文献中挖掘异象因子。但在知识储备丰裕的今天，要想构建一个卓越的经得住时间考验的基本面量化投资策略，就必须经历一个文献评估过程。

在评估文献时，我们应当建立起批判性思维，对过去研究结果的批判性思考不仅有助于产生新的灵感，还可以用于审视当前研究或策略的局限性。批判既可以针对内容，也可以针对方法。评估文献的时候可以思考，但不局限于以下问题：

❖ 什么还没有做或者什么是我们仍然不知道的？比如，目前国外文献已经挖掘了数百个异象因子，那么，对于中国市场来说，这些因子中有哪些是有效的，或者中国市场还有哪些异象有待挖掘？

❖ 什么是我们仍然不能理解的或者更深入的解释还未提出？比如，在欧美发达市场广泛存在的动量效应，尤其是中长期的动量效应，在中国市场却难以被观测到。

❖ 对过去的研究结果是否已经达成广泛的共识？比如，关于财务柔性能否促进企业增长的问题，即便研究了最新的上市公司样本，学者们仍未得到相同的结论。

❖ 是否有一些情境被忽略了？同样是对上一个问题，文献在考察财务柔性对企业增长的作用时，有没有注意到外部环境中的不确定性和企业内部治理情况的影响。

❖ 在特定情境下，哪些因素更加重要？比如，在不同的时间尺度下，各类因素对股价影响的重要程度都如何？在季度、年度的时间尺度下什么因素对股价的影响更大，而在日、周、月的时间尺度上什么因素对股价的影响更大？

❖ 研究是否具有扎实的理论基础？比如，量化投资模型的理论基础是 APT 理论，还是估值理论？如果是 APT 理论，那么，唯一的出路就是不断地改良已有异象因子和寻找未被发现的异象因子；而如果是估值理论，那么，最佳的做法是尝试准确评估企业的现金流、增长机会和风险。这也是本书相对于其他量化投资文献的核心区别所在。

❖ 研究设计以及解释问题所用的方法是否合理？比如，一些与财务困境相关的文献从正常公司中筛选出同陷入困境公司等量的样本来进行比较，那么，它们筛选的过程是用什么方法，这些方法合理吗？又如，很多研究采用 OLS 方法来回归，这么做是否合理，研究采用的数据和模型结构是否满足 OLS 方法的前提假设？

❖ 使用的样本是否合理，是否具有普适性？比如，一些模型将市盈率为负或者高于三倍标准差的样本剔除股票池，这么做合理吗？又如，一些文献直接将中国数据代入 Altman（1968）估计出的 Z-Score 模型并用来衡量企业的安全性，这么做有没有考虑到原始模型样本的普适性？

❖ 变量的选取是否合理，定义是否明确，测度的质量如何？比如，一些文献利用过去一段时间股票累积超额收益来衡量动量效应，这么做合理吗？又如，一些文献开发量表通过问卷调查来获取关于高管企业家精神的数据，这些测量的信度和效度如何？

思考这些问题的目的并非是评判前人研究质量的优劣，而是在这个过程中结合模型设计的需求来收集素材，了解建模时需要注意的事项，去伪存真。

2.2　一手数据的获取与使用

一手数据，是指直接用于研究者自己的项目，由研究者或者研究者训练委托他人按照研究者的问题设计直接向被调查对象收集而成的数据。在一手数据的收集过程中研究者通常与被研究对象发生直接接触，数据一般也为研究者所有。问卷调查是人文社会科学领域获取一手数据最普遍的方法。问卷调查对被调查者干扰较小。如果量表的信度和效度高、实施过程得当，通过问卷调查法能够低成本、快速有效地获取高质量的研究数据。

2.2.1　沿用现有量表

在漫漫历史长河中，无数研究人员刻苦钻研、反复论证，创建了大量的研究量表。这些量表为我们从事实际研究提供了宝贵的参考资料。比如，国内很少有文献开发度量组织结构的相关量表，国内学者研究组织结构时主要沿用国外学者 Zaltman 等（1973）、Miller 和 Dröge（1986）开发的量表。

量表的价值取决于其信度与效度。在文献中占有显著地位的量表，一般具有较高的信度和效度。这些量表往往已经被不同研究人员在不同的研究环境和不同群体中使用过。反复使用确保了这些量表能贴切地测量它们所代表的概念和变量，也证实了这些变量的稳定性和准确性。

但沿用现有量表也有一些局限性。首先，规范的管理学、经济学、心理学和金融学研究起源于西方，大多数现有理论和量表都建立在对西方社会现象的观测和总结之上。这些理论在指导和解释西方人的心理和行为上卓有建树，但中国的传统文化与西方文化有很大差异，将这些理论和量表应用于中国情境时需要仔细研究其实用性和可行性。其次，一个量表从创建—测试—发表传播—进一步测试—成熟化的过程往往是漫长的，许多环境因素都可能在这个过程中发生变化，从而对量表的持续可行性产生挑战。最后，词汇外延性和语义学上的差异导致量表翻译存在一些客观障碍，这需要通过回译方法调用多组研究人员分别往返翻译同一个量表并进行对比调整。

沿用现有量表，必须确认量表的适用性。要注意考察选用的量表能否全面准确地测量相关概念，是否适用于拟调查的样本，能否被拟调查对象广泛理解和接受。一旦选定量表，要尽量沿用其中的所有问题，不要随意删改。如果要删改，必须经过仔细地验证和测试，并认真评估删改之后的效度和信度。

2.2.2　自行开发量表

相关概念的开发、理解、测量、分析和确定不仅是循序渐进的，也是相辅相成的。在这个过程中，现存的概念和量表永远无法满足研究的需要，此时，就需要开发自己的量表。比如，为了适合中国独特的国情，彭纪生等（2008）就开发了政策量表。

从事实证研究项目一个重要的原则是，对于研究思路、理论基础、研究假设的确立必须提前于研究方法的设计。在设计问卷之前，研究人员必须慎重地考虑和斟酌问卷中将要调查的变量、这些变量之间的关系以及问卷所采用的结构。

设计问卷过程需要选择合适的量表尺度。这些量表尺度对应最终分析的变量数据形式。常见的量表尺度有列名尺度、排序尺度和间隔尺度等。列名尺度可以将样本分组归类，比如将高管的性别分为男、女两类，并在问卷结束后分别编码为 1 和 2（或者 0和 1）。排序尺度将变量分类并排序，可以帮助研究人员了解被调查者对问题重要性的选择偏好。间隔尺度在对调研信息分类、排序的基础上，将变量赋予一定的数量导向，使研究人员可以从事一系列的数理统计分析，比如信度、线性或非线性相关、回归分析等。最常被使用的间隔尺度是 Linkert 5 级评分法和 Likert 7 级评分法。

问题设计也需要一些技巧。开放性问题有利于对研究者理性思维的开启和发展，但是不利于后续的编码和数量化。封闭性问题最为经济有效，但要求研究者提前对研究现象有相当的了解和预测。为了帮助答卷者集中精力，仔细阅读每一道题，研究者可以同时设置适当数量的正向问题和反向问题。为了保持中立并获得更加客观的调查结果，研究者最好不要将两个变量的因果关系表述在同一个问题中，也要尽量避免使用诱导性问题或答卷者必须依赖记忆才能回答的问题。

2.2.3　获取一手数据的注意事项

通过问卷调查获取和使用一手数据是管理领域、经济领域实证研究的重要手段。使用一手数据也具有很多优势，比如能够完全按照自己的研究设计来获取最新的数据。但是对于量化投资研究来说必须注意以下事项。

❖ *合理设计问题以保证问卷的质量。问卷的质量直接影响参与者在填写问卷时的态度和行为。词不达意、语句唐突的问卷会使答卷者对研究人员失去信任，而冗长的问卷会使答卷者疲惫厌倦，甚至胡乱作答。为了让大多数参与者认真阅读、回答问题并提供真实而坦诚的答案，研究者必须要在问卷设计上多下功夫。*

❖ *确保问卷的信度与效度。在开发、使用量表时，需测试这些量表以保证：①这些量表确实测量了我们想要测量的潜变量，也就是说，这些量表是"有效的"；②它们一致而精确地测量了这些构念，即量表是"可靠的"。信度和效度是科学研究中测量程序的充分性和*

精确性的评价尺度。

❖ 权衡数据获取的广度、成本与持续性。相对于很多其他"一次性"的研究来说，量化投资研究特别注重数据获取的广度和持续性，这涉及投资策略能在多少不同场景下研究多少只股票的问题。要获得广度和持续性较好的一手数据，通常面临着高昂的成本，因此，一个折中的办法是尽可能地避免一份问卷只能由一个被调查对象填写，而是要一份问卷可以被不同的人填写并获得同样的信度和效度。

2.3 二手数据的获取与使用

二手数据，是指为了其他目的，而不是专门为本研究设计并由他人收集的数据。研究者在使用二手数据时，通常不与数据中涉及的研究对象发生直接的调研接触，通常通过公共或公开渠道获得。公开披露的上市公司数据、专利数据、普查数据、统计年鉴、分析师研究报告等，都属于二手数据。一般地，公司新闻发布稿、使命宣言、营销战略政策、报刊、论坛、网站、会议纪要等都可以成为获得二手数据的来源。就目前而言，各式各样的二手数据是基本面量化投资研究最重要的数据来源。

2.3.1 二手数据的优势

尽管二手数据常常并不直接服务于研究者的设计，但是二手数据具有很多优越性。这些优点使二手数据成为量化投资研究者使用的主力数据来源。

基于二手数据的样本量通常很大，样本甚至可以具有时间跨度，从而获得面板数据。国内比较权威的经济、金融二手数据来源有国家统计局、CEIC 数据库、TuShare、Wind 数据库、国泰安数据库、锐思数据库等，国际上比较权威的二手数据来源有世界银行数据库、国际货币基金组织（International Monetary Fund，IMF）数据库、BVD（Bureau Van Dijk）系列数据库、EMIS（Emerging Markets Information Service）数据库等。

二手数据通常具有较高程度的客观性。与通过问卷调研获得的数据相比，二手数据通常具有较高的客观性。研究者使用的二手数据库通常都是以反映组织特征、企业经营活动情况和绩效指标为主的数据，基本不包括主观臆断，或者受到主观臆断的影响程度较少。研究者从二手数据中识别关于做了什么、发生了什么、谁做的、在哪里、什么情况下等信息，这些信息通常具有很强的客观性。

二手数据具有高度的可复制性。二手数据的可复制性对基本面量化投资研究具有特别的意义。比如上市公司公布的财务数据，我们可以利用相同的数据来验证理论是否正确、策略是否可行。目前大多数量化投资策略都是基于这些高度可复制的数据，采用不同的方法来实现的。

2.3.2　使用二手数据的注意事项

需要用理论透镜去捕捉、识别和选取适用的二手数据。运用不同的理论透镜，可以看到不同的东西，没有透镜，就什么也看不到。比如同样是上市公司数据，有人看到的是财务绩效，而有人看到的是并购决策；同样是专利数据，有人看到的是创新，而有人看到的是实物期权；同样是净利润，有人看到的是经营风险，而有人看到的是公司成长潜力。

必须审慎地、按照规范的流程处理二手数据，确认数据的可靠性、信息识别、提取以及编码的准确性。比如 Nadkarni 和

Narayanan（2007）为了从 CEO 致股东的信中可靠地提取战略谋划信息，他们逐项讨论了内容偏差、时间偏差、归因偏差等问题，并采用各种技术和步骤来将偏差降到最低限度。

注意变量指标的契合性问题。二手数据中包含的经济、技术或者地理人文信息，对于经济学、社会学的研究常常是适合的，但是在基本面量化投资研究中，研究企业增长时需要的战略变量或者组织变量通常是二手数据缺乏的。这使研究者不得不做出妥协，采用一些与理论概念有一定关联但契合度并不是很好的既有指标作为代理指标。比如胡熠和顾明（2018）在广告费用和研发费用不可获得时，分别采用销售费用和管理费用作为它们的代理变量。

变量指标的准确性问题。上市公司发生的财务舞弊事件让我们认识到，即使是上市公司，也可能虚报数据。上市公司公布财务报告的主要目的是符合证监会的监管要求，更多的是遵循会计准则。比如在计算市净率时，会计报表并没有将从投资角度应当资本化的研发费用、广告费用、战略咨询费用等资本化，而是将其作为费用支出处理，因此，需要对财务报表进行调整，以获得更加准确的市净率变量。

2.4　因果关系与因果推断方法

因果关系和因果推断是基本面量化投资领域的一个关键性基础问题，但尚未引起研究者们的足够重视，大多数模型更加注重如何准确地预测未来的收益率。因果推断与预测有一定的相似之处，但也存在差异。比如，使用一个包含企业财务风险和股票价格的数据集，如果想要建立一个根据财务风险及其他因素（如未来增长预期、当期现金流）对股票价格进行估算的模型，这是一个预测问题；但是如果想要研究企业财务风险变化后，其股票价格将会如何变化，这就属于因果推断问题。利用严格依据因果关系和因果推断建立的投资策略，我们将会知道赚取的每一分钱的真正来源，这样的策略也才经得住时间的考验。

2.4.1 因果关系的定义

关于如何界定因果关系，Shadish 等（2002）认为因果推论应当有以下三个必要条件：①在时间上，原因先于结果发生；②原因和结果是共变的；③这种共变关系不存在其他可能的解释。

然而现实中，很多研究对因果关系的认识是不清晰的，常常将相关关系错误地等同于因果关系。我们举一个经典的例子，某超市发现顾客买尿布与买啤酒有很大的相关性，实际上二者没有因果关系，而出现这个相关性的原因是在家照顾婴儿的主妇常让丈夫去超市买尿布，这些丈夫买尿布的同时会顺便买啤酒。如果这些主妇改为自己在网上买尿布，那么她们的丈夫不一定同时会买啤酒。

有时一些量化投资研究者也将相关关系误认为是因果关系。比如，将备选因子与预期收益率之间的相关程度作为是否将其纳入选股模型的参考标准。由于没有搞清楚因子与预期收益率之间的因果关系，就可能发现一些因子与预期收益率之间的相关性显著水平在不同时期会发生变化，进而形成一些不太稳健的策略，即在每一个阶段选择相关性最显著的因子作为选股标准，而忽视其他的因子。

2.4.2 两类因果推断模型

因果推断主要有两类模型，即潜在结果模型和因果图模型。

潜在结果模型给出了因果作用的数学定义，该模型主要用在原因和结果变量已知的前提下定量评价原因变量与结果变量之间的因果作用。因果图模型是描述数据产生机制和外部干预的形式化语言，它是将贝叶斯网络加上外部干预，用来定义外部干预的因果作用和描述多个变量之间的因果关系。利用因果图不仅能定量评价因果作用，还能定性确定混杂因素，用于从数据中挖掘因果关系。

2.4.2.1 潜在结果模型

潜在结果模型通常假定个体的潜在结果不受其他个体影响，并且每个个体和每一种处理只有一个潜在结果。考虑一个二值的处理变量，$X=1$ 代表处理组，接受处理分配后结果变量为 Y_1；$X=0$ 代表对照组，结果变量为 Y_0。在潜在模型中，因果作用定义为相同个体的潜在结果之差。个体 i 的因果作用（ICE）被定义为：

$$ICE(i) = Y_1(i) - Y_0(i) \qquad (2.1)$$

尽管潜在结果模型清楚地定义了个体因果作用，但是正如古希腊哲学家赫拉克利特所说，你不可能两次踏入相同的河流。对于个体 i，通常不能既观测到处理的结果 $Y_1(i)$，又观测到未被处理的结果 $Y_0(i)$。因此，个体因果作用不能从观测数据推断出来。

不过我们通常关心的是总体特征。在潜在结果模型中，总体的平均因果作用（ACE）可以表示为：

$$ACE = E(ICE) = E(Y_1 - Y_0) = E(Y_1) - E(Y_0) \qquad (2.2)$$

其中，$E(\bullet)$ 表示期望。

如果再考虑协变量 $\mathbf{V}$，即考察某些子总体的平均因果作用，那么，可以表示为：

$$ACE = E(ICE) = E(Y_1 - Y_0 | \mathbf{V} = \mathbf{v}) = E(Y_1 | \mathbf{V} = \mathbf{v}) - E(Y_0 | \mathbf{V} = \mathbf{v}) \quad (2.3)$$

其中，$\mathbf{v}$ 表示协变量的取值。通过随机分配，即将处理 X 随机地分配给个体，就可以识别平均因果作用。在随机分配的条件下，潜在结果 (Y_1, Y_0) 独立于处理分配 X，从而平均因果作用可以表示为：

$$ACE = E(Y | X = 1, \mathbf{V} = \mathbf{v}) - E(Y | X = 0, \mathbf{V} = \mathbf{v}) \quad (2.4)$$

平均因果作用等于观测到的结果变量 Y 在处理组 $X = 1$ 与对照组 $X = 0$ 中期望之差，不再含有潜在结果变量，因此，它是可识别的。

2.4.2.2　因果图模型

因果图模型最早由计算机科学家图灵奖得主 Judea Pearl 提出，并在不同领域学者的共同努力下被逐步发展和完善。目前因果图模型已经被广泛应用于众多的科学领域。因果图以贝叶斯推断和图论为基础，描述了多个变量之间的相互因果关系，突破了传统统计推断从数据发现相关关系的禁锢，开创了从数据中发现因果关系即数据产生机制的方法论。

一个因果图 $G = (V, E)$ 由一个节点集合 $V = \{X_1, X_2, \cdots, X_n\}$ 和一个边集合 E 组成。每一个节点表示一个（或一组）变量，节点之间的箭头表示由原因与结果之间的因果关系或者变量之间的数据生成过程。不论多么复杂的因果关系，都可以通过节点、边和箭头这三个基本元素来表示。

我们用一个简单的例子来展示如何用因果图来刻画公司治理与股票超额收益率之间的因果关系（见图 2-1）。用 X_1 表示公司治理，X_2 表示理性投资者行为，X_3 表示非理性投资者行为，X_4 表示股票价格，X_5 表示超额收益率。图 2-1 显示，公司治理是理性投资者和非理性投资者行为的原因，两类投资者的行为会影响股价，而股价最终会影响股票的超额收益率。

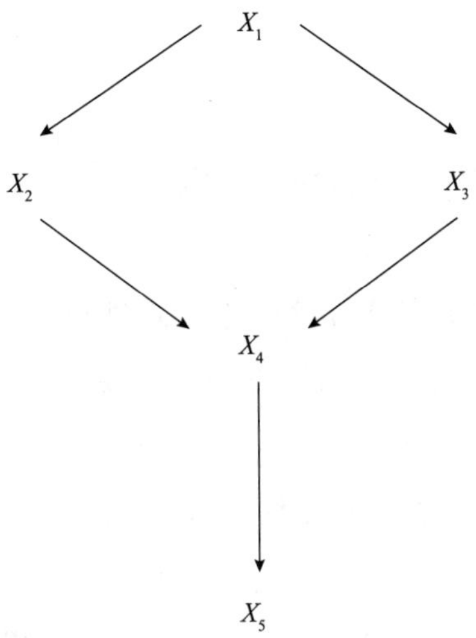

图 2-1 从公司治理到股票超额收益率的因果图示例

我们用 pa_i 表示随机变量 X_i 的父节点变量的集合，每个节点的取值由它的父节点的函数 $X_i = f_i(pa_i, \varepsilon_i)$ 确定，其中 ε_i 表示不影响网络内部其他节点的残余变量，那么，每个节点变量的取值可以用以下公式来表示：

$$X_1 = f_1(\varepsilon_1), X_2 = f_2(X_1, \varepsilon_2), X_3 = f_3(X_2, \varepsilon_3),$$
$$X_4 = f_4(X_2, X_3, \varepsilon_4), X_5 = f_5(X_4, \varepsilon_5) \tag{2.5}$$

随机向量 $(X_1, X_2, \cdots, X_5)$ 的联合概率分布就可以表示为：

$$pr(x_1, x_2, \cdots, x_5) = pr(x_1) pr(x_2|x_1) pr(x_3|x_1) pr(x_4|x_2, x_3) pr(x_5|x_4) \tag{2.6}$$

通过强制设定变量的值能够刻画对某个变量的外部干预。比如用 $X_1 = 1$ 表示公司实施了股权激励，那么，在实施这个外部干预后，随机向量的联合分布就变为：

$$pr(x_1, x_2, \cdots, x_5) = \delta(x_1 = 1) \prod_{i \neq 1} pr(x_i | pa_i) \tag{2.7}$$

其中，$\delta(\cdot)$ 为示性函数。

有了这些基本的因果关系图示和数学表达，我们就可以方便地、定量地来研究因果关系。

2.4.3　常见的因果推断方法

虽然在因果关系的表达形式上潜在结果模型和因果图模型有所区别，但它们所采用的因果推断方法却相差不大，主要解决的都是因存在混淆变量（多个变量共同原因的变量）导致的偏差问题。基于混淆变量能否被观测到，需要采用不同的对策。

当混淆变量能够被观测到时，消除偏差的方法就是在系统中控制这些混淆变量，常用的方法包括多元回归和倾向性评分匹配。其中多元回归是直接将混淆变量纳入模型作为控制变量，在控制住混淆变量后，考察解释变量对被解释变量的影响。而倾向性评分匹配是通过一定的统计学方法对试验组和对照组进行筛选，使筛选出的对象在潜在的混杂因素上尽可能均衡，从而减少混杂因素对结果变量的影响。

当存在无法被观测到的混淆变量时，研究者面临着更加复杂的情景，需要根据情况选择代理变量、准实验、工具变量、断点回归和双重差分等方法。

❖　当系统中存在无法直接观测到的因素时，如果这些因素的含义比较明确，最直接的方法就是寻找代理变量。比如，很多研究就使用过去几年增长率作为未来预期增长率的代理变量。然而，如果代理变量不能完全反映对应的因素，仍会有部分混淆偏差遗留在系统中。

❖　由于处理是随机分配的，在理论上，随机实验能得到最可靠的因果推断结果。但是由于成本、伦理和实践的限制，真正的随机实验是非常罕见的，社会科学领域更多地采用准实验来进行因果推断。

准实验采用一定的操控程序，利用自然场景，灵活地控制实验对象，对无关变量进行了控制。

❖ 工具变量的基本逻辑是寻找一项完全外生的因素，仅通过直接作用于自变量而影响因变量，进而估算自变量中直接受外生变量影响的部分对因变量的作用程度。选择工具变量时，要尽可能地让工具变量与需要替换的变量相关，而与未进入模型的残差或者其他混淆因素尽可能地无关。

❖ 断点回归是假定存在一个连续变量，该变量能决定个体在某一临界点两侧接受外部干预的概率，由于该变量在该临界点两侧是连续的，因此，个体针对变量的取值落入临界点任意一侧是随机发生的，则在临界值附近构成了一个准自然实验。

❖ 双重差分方法通常被应用于面板数据模型中，如果外部干预是试点性的，就可以在模型中同时引入分组虚拟变量（处理和未被处理）、外部干预虚拟变量（处理前和处理后）以及两个虚拟变量的交叉项，模型进行回归后，交叉项前面的系数就是处理的净效应。

2.5 文本资料分析

除了定量数据外，做好基本面量化投资研究还必须能够灵活分析和处理定性数据。文本资料分析法（也称内容分析法）是分析定性数据的重要方法。它是通过客观地、系统地识别特定的信息特征做出推断的一种技术。早期人们通过人工阅读的方式识别和分析文本信息。但随着这些数据来源越来越多样化、数据体量呈几何级数增长、时频也越来越高，人工处理基本已经变得不可能，因此，研究者开始将计算机处理技术引入文本资料分析中。

2.5.1　文本资料分析的基本步骤

　　将文本数据用于基本面量化投资研究的核心在于如何准确、有效率地从文本中提取需要的信息，并考察其对相应问题的解释和预测能力。应用计算机技术分析和处理文本资料的主要过程包括：语料获取、文本的预处理、文档表示以及文档的特征抽取，然后研究者再根据需要将抽取的文档特征应用于具体的相关分析或因果分析。具体如图 2-2 所示。

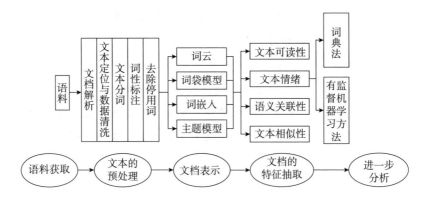

图 2-2　文本大数据分析流程

　　语料获取主要有两种方法，即手工收集和网络爬取。手工收集需要消耗大量的时间和人力成本，因此，越来越多的研究者选择利用计算机技术直接从网络中爬取文本大数据。该方法不仅可以及时获取文本信息，而且还可以通过一些编程对文本格式和内容进行整理，以便下一步分析。

　　获取语料之后，研究者需要对文本进行预处理，该过程包括文档解析、文本定位与数据清洗、文本分词、词性标注以及去除停用词等步骤。获取的语料包含文本段落、图表等多种内容模态，因此，需要选择合理的解析工具将文档结构解析为机器可阅读的格式。然后，应用计算机程序对文本信息进行定位，并将其中的噪声内容，比如广告、超文本标记语言（Hyper Text Markup Language，HTML）以及图片等，进行清洗。之后运用分词技术将文本分割成词或词组。在英文文本中，单词被空格分开就自动完成了分词，还可以用 n 元词组进一步地将单词扩展为词组。而中文文本的分词则比较困难，通常可以采用基于字符串匹配、基于理解和基于统计者三类方法进行分词，常用的中文分词工具如自然语言处理与信息检索共享平台（Natural Language Processing & Information Retrieval Sharing Platform，NLPIR）、中国科学院汉语词法分析系统以及 Python 软件包 "jieba"。词性标注就是根据语法和语义特征来识别词性（如动词、名词、连接词等）。去除停用词就是将停用符号、表示逻辑关系的连接词、俚语等去除，去除停用词有利于降低文本数据的维度，降低文本分析的成本。

文本数据属于稀疏的高维数据，计算机处理存在困难，因此，在对文本数据进行预处理之后，还需要将文本中的信息以特定的方式表示出来，以便研究人员和计算机进行下一步分析。文档表示的方法主要包括词云、词袋模型、词嵌入和主题模型。

基本面量化中常用的两种文本特征抽取是文本可读性、文本情绪。文本可读性反映了读者理解文本信息的难易程度，当文本可读性较低时，投资者会难以理解文本所要传达的信息，进而影响投资者的行为。衡量文本可读性的方法通常有迷雾指数、文档的字数以及文档的大小。文本情绪的提取方法主要包括词典法和有监督机器学习方法。比较具有影响力的英文情绪词典有 Henry 词典（The Henry Word Lists，2008）、LM 词典（The Loughran and MacDonald Financial Sentiment Words List，2011）、哈佛大学通用调查词典（Harvard General Inquirer Word Lists，GI）以及文辞乐观与悲观词典（Diction Optimism and Pessimism Word Lists），而在国内有姚加权等（2021）和姜富伟等（2021）构建的针对中文领域的金融情感词典。除了词典法之外，学者们还用朴素贝叶斯和支持向量机（Support Vector Machine，SVM）等有监督机器学习方法对文本情绪进行分类。

从形式上看，一个文本是由汉字或者单词组成的字符串，如果将文本从大到小分解，可能得到篇、章、节、段、句子、词组、词和字。自然语言理解中的主要困难和障碍是同一个字词的含义在不同语境下有变化，同时由于文字的丰富多样性，在转换为数据矩阵后往往需要处理高维稀疏矩阵相关的问题。

2.5.2　文本分析在基本面量化投资研究中的应用

文本分析技术是基本面量化投资中的一项重要的分析技术，因为除了少数我们可以直接得到的数值型数据外，其他绝大多数数据都是文本数据，我们需要将这些文本数据转换为类别型、数值型以及排序型等类型的数据。目前文本分析方法已经被广泛运用于基本面量化投资研究领域，这主要体现在以下两个方面：

❖ 用于构建基本面量化投资中的价值组件。比如彭纪生等（2008）利用政策量化操作标准手册，对中国 1978~2006 年 422 项与技术创新紧密相关的政策进行评分和量化。又如 Bentley 等（2013）通过文档数据打分的方式构建了一个离散指标来度量企业的战略激进程度。赵志伟（2018）利用文本挖掘技术从网络上爬取消费者满意度评价，并将其运用于构建多指标综合评价模型来评估企业的增长。

❖ 用于构建基本面量化投资模型中的非价值组件。比如姜富伟等（2021）基于我国中文财经新闻文本，在 Loughran 和 MacDonald（2011）词典的基础上通过人工筛选和 Word2Vec 算法扩充，构建了一部中文版金融情感词典，并利用该词典来计算我国财经媒体文本情绪指标，用于衡量投资者情绪。

2.6 混频数据模型

基本面量化投资研究的一个难点是，我们面临的数据经常是不同频的。为了满足传统实证模型对数据的同频率要求，对非同频数据的处理方法通常是，使用平均化等方法将高频数据进行降频处理，或者使用插值等方法将低频数据变为高频数据。然而，前者会损失高频数据本身所携带的大量信息，后者则会使所得到的高频数据失真，这样，无论何种同频化处理都会导致信息不能被真实有效利用。针对这一问题，Ghysels 等（2004）提出了混频数据抽样模型（Mixed Data Sampling，MIDAS）。该模型能够将不同频率的数据整合在一个模型中进行估计，大大降低了由于数据频率不一致所带来的估计难度，同时也有效避免了处理不同频度数据过程中造成的数据信息损失或者失真等问题。

2.6.1 MIDAS 模型的基本形式

MIDAS 模型是由 Ghysels 等（2004）提出，该模型通过使用多项式权重 $B\left(L^{i/m};\boldsymbol{\theta}\right)$ 将低频数据 y_t 和高频数据 $x_t^{(m)}$ 整合在一起进行回归，具体的模型如下：

$$y_t = \alpha + \beta B\left(L^{i/m};\boldsymbol{\theta}\right)x_t^{(m)} + \varepsilon_t \qquad (2.8)$$

其中，角标 t 表示时期；m 表示低频数据和高频数据之间频率的倍数之差；$B\left(L^{i/m};\boldsymbol{\theta}\right) = \sum_{k=0}^{K} B\left(k;\boldsymbol{\theta}\right)L^{k/m}$ 是一个长度为 K 的多项式，$L^{i/m}$ 是 $x_t^{(m)}$ 的滞后算子，满足 $L^{i/m}x_t^{(m)} = x_{t-i/m}^{(m)}$；在 $B\left(L^{i/m};\boldsymbol{\theta}\right)$ 中，滞后算子 $L^{k/m}$ 对应的 $B\left(k;\boldsymbol{\theta}\right)$ 中的系数是参数化后的包含低维向量 $\boldsymbol{\theta}$ 的函数，$i = 0,1,\cdots,K$ 为参数化过程中权重函数的滞后阶数。

在 $MIDAS(m,K)$ 模型中，如果因变量 y_t 的获取频率为每 3 月一次，而自变量 x_t 的获取频率为每日一次，假设一个月有 22 个有效数据，那么回归过程中就有 66 个滞后参数，这将是一项十分庞大的工程。作为处理参数增值的方法，在 $MIDAS(m,K)$ 回归中，$L^{i/m}$ 中多项式的系数由函数 $B\left(L^{i/m};\boldsymbol{\theta}\right)$ 中的向量 $\boldsymbol{\theta}$ 决定，而系数 β 体现的则是自变量 $x_t^{(m)}$ 对因变量 y_t 的影响。

函数 $B\left(L^{i/m};\boldsymbol{\theta}\right)$ 的参数化过程是模型估计的关键问题，而实际上对 $B\left(L^{i/m};\boldsymbol{\theta}\right)$ 的参数化过程是十分灵活的。向量 $\boldsymbol{\theta}$ 取值不同，$B\left(L^{i/m};\boldsymbol{\theta}\right)$ 函数的具体形式也不同，且当滞后阶数增加时，参数化的权重也会随之增加。因此，估计向量 $\boldsymbol{\theta}$ 的过程是有效选择自变量和因变量之间滞后阶数的过程。因此，一旦函数 $B\left(L^{i/m};\boldsymbol{\theta}\right)$ 的具体形式确定了，滞后阶数的选择就仅仅是数据驱动的结果，对函数 $B(k;\boldsymbol{\theta})$ 中滞后系数的参数化过程是估计 $MIDAS(m,K)$ 模型的关键。

根据是否引入权重函数、权重函数的不同形式、高频自变量的个数等，MIDAS 模型可以派生出多种不同形式。其中依据是否引入权重可以将 MIDAS 模型分为限制性 MIDAS 模型和非限制性 MIDAS 模型；根据权重函数的不同形式可以将 MIDAS 模型分为 Beta-MIDAS、Beta-Non-MIDAS、ExpAlmon-MIDAS、Stepfun-MIDAS 以及 Almon-MIDAS 模型等多种形式；根据模型中包含的自变量个数又可以划分为一元 MIDAS 模型和多元 MIDAS 模型。

2.6.2 混频数据模型在基本面量化投资研究中的应用

MIDAS 模型能够将不同频率的数据整合在一个模型中，能够有效降低数据频次差异产生的难度，并避免为构造同频数据而产生的信息损失或者失真等问题。这些优势使得该模型在不同领域的非同频数据估计和预测等相关研究中被广泛运用。对于基本面量化投资研究，这些应用主要体现在以下两个方面：

❖ 估计和预测基本面量化投资模型的一些价值因素构件。最典型的例子是，利用混频数据模型来估计和预测宏观经济周期。比如郑挺国和王霞（2013）利用季度数据和月度数据构造的混频数据区制转移动态因子模型来识别我国经济周期转折点。又如仝冰（2017）利用混频数据模型识别出中国产出波动的最主要解释因素是与投资相关的冲击，其次为货币政策冲击、持久性技术冲击和外生需求冲击。

❖ 预测股票收益率的波动。最典型的例子是，一些学者将 MIDAS 模型应用于投资者情绪与股票收益率之间关系的相关研究当中，比如 Yang 和 Zhang（2014）研究了周度、月度、季度混频投资者情绪对股市收益率的影响，他们发现投资者情绪与股市收益率存在显著影响，且混频情绪比低频情绪具有更强的解释能力。郑挺国和尚玉皇（2014）基于宏观基本面构建了多因子的广义自回归条件异方差 – 混频数据抽样（GARCH-MIDAS）模型来估计和预测中国股市日度波动率，发现多因子 GARCH-MIDAS 模型可以改进单因子混频模型的估计效果，并且能够更好地捕捉股市波动的长期成分。

2.7　机器学习

机器学习是一种综合了计算机科学、工程学、统计学等多学科知识的新技术。机器学习的方法不仅被广泛地应用于理工、医学等领域，并且越来越受到社会科学研究者的重视，近几年也逐渐成为量化投资领域的一个重要工具。

2.7.1　主要的机器学习类别

根据训练期间接受的监督数量和监督类型，机器学习大致可以分为四类：有监督机器学习、无监督机器学习、强化机器学习和半监督机器学习。

❖ 有监督机器学习。有监督机器学习主要围绕着预测问题展开，需要使用被标注过的样本数据，包括特征和对应的标签值，通过学习特征与标签值之间的对应关系，举一反三地构建出一个最优模型。这样，当面对新的特征时，我们就可以使用这个最优模型来预测它的标签值。这种通过已知数据寻找最佳估计参数的过程，与计量经济学中的回归分析有着异曲同工之妙。但是有监督机器学习并不需要提前设定特征与标签值之间的关系，可以根据数据本身选择更灵活的函数形式，可以避免过度拟合的问题，并兼备很好的样本外预测能力。有监督机器学习主要的算法有K-近邻算法、线性回归、逻辑回归、支持向量机、决策树和随机森林、神经网络等。

❖ 无监督机器学习。现实中经常会出现这样的情况：缺乏足够的先验知识，或者使用人工的方式对数据进行标注的成本太高，从而只能获得包含特征而没有相对应标签值的数据样本。由于没有标签值，我们就无法根据误差来找到最优的预测模型。因此，无监督机器学习要解决的是另外一个问题：当面对没有被标注的视频、图像和文本类数据时，我们希望机器可以从庞大样本集合中发现特征之间的潜在规律，识别出一些代表性的特征，并把具有相似特征的个体聚合在一起。常见的无监督机器学习算法有聚类算法、K-均值算法、分层聚类分析、异常检测和新颖性检测、孤立森林、可视化和降维、主成分分析等。

❖ 强化机器学习。有时，我们无法立即判断出一项决策的好坏，而往往要通过观察一系列决策实施之后的结果才能对其进行评估。例如，在下棋时，某一步棋的好坏通常要在五步或十步之后才能判断。因此，与前两种机器学习不同，强化机器学习并不只是依靠已知的、固定的数据进行学习，而是在不断变化的环境中，通过大量、多次的试错学习寻找产生最佳结果的路径。这类技术经常被应用到人工智能领域，如战胜人类围棋高手的阿尔法狗、多功能机器人和自动驾驶等。

❖ 半监督机器学习。随着机器学习的深入发展，出现了一些混合型机器学习技术，比如将有监督机器学习和无监督机器学习相结合的半监督机器学习。这一机器学习方式专门用来处理已知数据中一些有标签值而另一些无标签值的情况。常用的半监督机器学习包括协同训练、转导支持向量机等。

2.7.2 机器学习在基本面量化投资中的应用

机器学习方法的广泛应用正在改变传统的经济学、金融学以及管理学的研究方式。机器学习中的无监督学习技术可以处理相对于标准估计方法来说维度过高的数据，帮助研究者从图像、文本、音频等非常规数据中提取有用的信息。有监督学习方法如回归树、LASSO、随机森林、支持向量机、神经网络、深度学习等技术，因为其算法在预测上的优势，已被广泛地用于解决预测问题。机器学习在基本面量化投资领域的研究主要体现在以下三个方面：

❖ 估计和预测基本面量化投资模型的一些价值因素构件。比如吴超鹏和吴世农（2005）利用基于 LMBP 算法的人工神经网络模型动态预测企业从价值损害型转向财务好转型、财务困境型等的转换趋势。周卫华等（2022）利用无监督学习孤立森林和 XGBoost 算法构建 X-Score 模型来预测企业财务造假的风险。

❖ 估计和预测基本面量化投资模型中的一些市场因素构件。比如姜富伟等（2021）基于我国中文财经新闻文本，在 Loughran 和 MacDonald（2011）词典的基础上通过人工筛选和 Word2Vec 算法扩充，构建了一部中文版金融情感词典，并利用该词典计算我国财经媒体文本情绪指标。

❖ 将机器学习运用于多因子模型。比如 Feng 等（2020）采用 LASSO 方法来衡量因子对资产定价的贡献，发现盈利因子和投资因子比之前发现的数百种因子更具有统计上显著的解释力。又如李斌等

（2019）基于1997年1月至2018年10月A股市场的96项异象因子，采用预测组合算法、LASSO回归、岭回归、弹性网络回归、偏最小二乘回归、支持向量机、梯度提升树、极端梯度提升树、集成神经网络、深度前馈网络、循环神经网络和长短期记忆网络12种机器学习算法，构建股票收益预测模型及投资组合，最终发现机器学习算法能够有效地识别异象因子与超额收益之间的复杂模式，应用其投资策略能够获得比传统线性算法和所有单因子更好的投资绩效。

3

重构企业的财务报表

企业财务信息尤其是收益，如果在反映企业当前业绩、预测未来业绩以及解释股价和回报等方面的能力下降，会引起投资者对企业财务报告信息的相关性和实用性不满。许多财务高管认为，财务报告已经退化为一项繁重的合规任务，而不是一种向利益相关者提供信息的努力。越来越多的企业高管倾向于披露非会计准则要求的运营数据（例如，制药和生物技术公司的产品线以及互联网服务提供商、娱乐公司和保险企业的客户信息），并通过调整各种一次性项目和可疑费用（如资产和商誉注销）的报告收益和其他财务数据来提供替代的非会计准则要求的收益数据。投资者也经常对财务信息进行各种调整，并越来越多地寻求更可靠和及时的信息来源（例如养殖公司每月销售额、科技公司的项目合同等），以进行估值。

一些研究认为财务信息相关性的恶化主要有两个方面的原因：一方面，20 世纪 80 年代会计标准制定者从传统的损益表模型转向资产负债表模型。前者旨在通过将收入与实际费用紧密匹配来获得高质量的报告收益，而后者更加强调资产和负债的公允估值。另一方面，随着企业创造价值的资源从有形资产向无形资产急剧转变，资产负债表模型的错误应用导致收入和支出之间的错配日益严重，并且资产负债表中缺少最重要的、创造价值的企业资源。这两方面的原因导致资产负债表在很大程度上缺乏信息，损益表难以反映企业的经营绩效和管理质量。

　　本章主要讨论如何重构企业的财务报表以满足基本面量化建模过程中评估企业现金流和预测未来增长等的需求。本章安排如下：3.1，讨论为什么要重构企业的财务报表。3.2，主要介绍目前主要的会计数据调整方法，以及在什么情况下需要重构财务报表。3.3，讨论如何调整无形资产，包含估计应当被资本化的无形资产的流量以及这些无形资产的摊销率。3.4，主要探讨对财务报表的其他调整，包含对经营租赁、非持续经营项目、并购和资产剥离以及对外投资和交叉持股的处理。3.5，将前面几节的调整结合起来，依照现金流量表的分类方式，展现了如何对资产负债表、利润表和现金流量表进行完整的重构，从而将会计数据系统地转化为投资信息。

3.1 重构企业财务报表的原因

无论是会计规则，还是投资分析，关于财务报表上会计要素的概念和定义均没有显著的差别。但是在资产负债表模型的假定下，收益的会计衡量标准可能会产生误导，因为运营、资本和财务费用有时会被错误分类，一些非常规事项也会影响投资者对财务报表的考察。会计准则的误导性对投资分析会产生很多严重的后果。

第一，收入与成本的不匹配导致收益质量的下降。收入与成本的充分匹配对于收益质量来说至关重要，二者之间的匹配表现为公司同期收入与支出之间的高度相关性。Dichev 和 Tang（2008）研究 1000 家美国最大的公司 40 年（截至 2003 年）年度财务数据发现，收入与支出之间的同期相关性显著下降，收益率的波动率几乎翻了一番，而收入与支出的波动率基本保持不变。这意味着不是宏观或者行业收入或支出的波动性增加了收益的波动性，而是公司收入与成本的不匹配导致了这一结果。如果投资者主要依托公司的财务报表来评估公司的长期盈利能力，那么，收益在这方面的作用已经大大降低。收入与成本不匹配的主要原因是资本性的研发支出和 SG&A 的错误分类，其次才是非常规事项。

第二，误导性的财务报表导致投资分析师对公司未来业绩预测的不确定性增加。公司财务报表是分析师进行行业业绩预测的重要来源。但 Lev 和 Gu（2016）的研究发现，即便分析师获得信息的渠道和分析技术都有了明显的改进，但他们对公司未来业绩预测的不确定性一直在上升，在 1976~2013 年（剔除特别难以预测的 2008~2009 年金融危机年份）围绕一致性预期的分析师预测五年业绩预测中值的标准差将越来越大（图 3-1）。另外，Lev（2018）利用过去 60 年的数据进行综合、多方法的研究，发现随着过去半个世纪财务信息的不断恶化，当前财务报告仅能提供投资者使用的信息的 5% 左右。

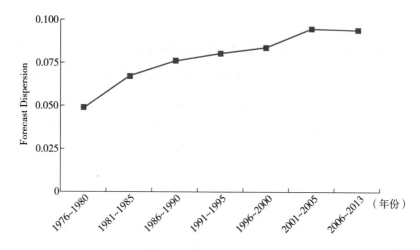

图 3-1　分析师五年业绩预测中值不确定性的变化（1976~2013 年）

资料来源：Lev 和 Gu（2016）。

第三，也是本章最关注的，误导性的财务报表让很多投资模型的输入要素失真进而导致模型失效，对于本书的主要研究对象——基本面量化投资模型——来说更是如此。从如何评估股票价值的角度，可以将基本面量化投资模型分为两类，即基于相对价值评估和基于内在价值评估的基本面量化投资模型。目前学界研究和业界应用更多的是前者，这一类模型的主要载体是多因子模型。它们采用价值因子（一系列的估值倍数）来度量股票的低价程度，利用质量因子（与公司成长性、安全性和盈利性相关的一系列指标或者复合指标）来衡量股票的内在价值。但误导性的会计规则导致 PE、PB 以及 EV–EBIT 等常用估值倍数以及评估公司成长性、盈利能力和安全性的指标的估计都是有偏颇的，这是近年来多因子模型表现平平的一个重要原因。对于基于内在价值评估的基本面量化来说，误导性的会计规则会导致难以准确估计现金流、预期增长率和风险水平，进而使这类模型的表现也不尽如人意。

　　财务报表应该是投资者使用的"大平衡器"，用于他们平衡竞争环境。信息不足且晦涩难懂的财务报告特别伤害个人投资者。大资金投资人和基金经理可以通过大量投资替代信息的搜索和分析，并通过获得管理者的访问权来避开财务报告的一些缺陷，从而使其他投资者处于极大的劣势。这种情况下理性的个人显然会退出主动投资，选择指数基金或另类投资。

3.2 会计数据的转换方法及适用场景

　　关于如何提升收入与成本之间的匹配程度，对于投资分析来说，主要有三种方法。

　　第一种方法，不对公司的财务报表做任何处理，但是缩小研究的范围。这种做法的潜在假定是，某些行业或者同一行业内部的企业在商业模式、会计数据特征等方面具有相似的扭曲程度和相同扭曲的来源。但这种方法有三个弊端：

　　❖ 即便在同一个细分行业中，处于不同生命周期的企业的扭曲来源和扭曲程度也不一样。一些研究发现，在不同的生命周期阶段和不同的增长率条件下，同一行业中不同企业的研发投入模式也不同，因此，即便缩小研究范围，企业之间也不具备可比性。

　　❖ 对于本书来说，缩小研究范围意味着降低模型的稳健性。

　　❖ 这种方法仅仅在某些极端条件下（比如范围能控制增长率和风险差异等）适用于基于相对估值的基本面量化投资模型，而几乎完全不适用于基于内在价值的基本面量化模型。

　　第二种方法，诉诸公司发布的非会计准则要求的数据。公司经理非常清楚财务信息的有用性越来越差，越来越多地求助于非会计准则收益和运营数据的发布。例如，制药和生物技术公司新产品研发和发布，养殖行业、新能源汽车行业企业的月度产销公告，电信、互联网以及媒体公司的实时客户数据，零售业的店铺数量和销售额月报，等等。但一些公司可能发布这些数据，而另一些公司则可能不会发布这些数据。发布这些信息的公司，在公布时间和数据质量上常常具有较大的差别，而且这些数据未经审计，有时甚至被操纵。因此，对于量化投资研究者来说，使用这些数据常常具有较大的难度，必须谨慎地选择模型和规范地处理相关数据。

第三种方法，也是本书建议采用的方法，即系统地调整财务报表，将会计信息转化为"成本—收益"匹配程度更高的投资信息。具体地，我们的调整方法包含三个步骤：

❖ 调整无形资产，将隐含在销售、管理、研发和财务费用中的资本性支出提取出来，进行资本化处理。

❖ 调整经营租赁、非持续经营事项、并购与资产剥离、对外投资和交叉持有等事项，以体现企业的经营实质或平滑数据。

❖ 依据现金流和产生收益的来源，对资产负债表和利润表中的项目重新分类，将金融资产、营运资产、长期股权投资与它们产生的收益一一对应。

通过这几个步骤，能够大幅提升会计数据的相关性，基本上获得成本—收益相匹配的投资信息，更加有利于评估企业的现金流（比如各种形式的利润、现金流量以及基于这些利润和现金流量构造的各种比率），也更加有利于用这些数据来预测这些现金流的未来增长。

虽然经系统调整后的会计数据，看起来更加符合价值评估，但其也有一些局限性，在某些场合最好不要调整会计报表，而是采用原始的会计信息。原始财务报表和调整后的财务报表具体的适用场景如下：

❖ 如果是预测企业的一些变量（比如利润、资产等）未来的增长，建议使用调整后的报表。

❖ 如果是评估企业的价值，尤其是内在价值，建议使用调整后的报表。

❖ 如果是用于构建基本面量化投资模型增长和估值相关组件，建议使用调整后的报表。

❖ 如果是评估企业的财务造假或者其他与合规性相关的风险，建议使用原始的未经调整的报表。

3.3 对无形资产的调整

在过去的几十年中，全球经济的重心逐渐从制造企业转向知识、服务和技术等企业。随着制药、技术和服务型公司越来越被重视，我们面临着基本的两个事实：其一，这些公司的大部分资产通常是无形资产，比如专利、专有技术和人力资本等。2000 年，美国经济中的无形投资金额超过 1 万亿美元，是缺乏实物但会产生未来收益的支出（Corrado et al.，2005）。其二，会计对这些无形资产的处理方式与其对制造业有形资产投资的处理不一致。会计将外购的无形资产记入资产负债表，但除了外购的无形资产外其他所有形式的无形投资都被记入当期费用。

Ohlson（2006）、Gu 和 Lev（2017）以及 Lev（2018）将近几十年来会计信息相关性的下降归咎于会计准则对无形资产的错误分类，因而提出了新的无形资产识别准则，具体标准如下：

❖ 以专利、版权或者商标等形式拥有的法定所有权，或者通过内部研发等形式拥有独占的权利。

❖ 无形资产是稀缺的（比如无线波谱），竞争者难以模仿或者复制的。

❖ 在正常的条件下，无形资产要能够直接地（比如获批的专利），或者与公司其他资源一起间接地为企业带来收益。

❖ 公司能够识别无形资产的投资（或支出）。

相对于现行的会计准则，这些标准能够将大部分无形资产识别出来，显著提升成本与收益之间的匹配程度。但对于量化投资研究者来说意义并不大，因为不仅没有足够的内部信息，而且难以快速批量化地实现。下面主要介绍如何使用一系列计量方法来识别并调整无形资产。

3.3.1 无形资产投资流量的构造

依据对未来收益影响的确定性程度的不同，会计将公司的研发支出分为两个部分：在未来产生收益可能性较高的、形成产品的后期开发费用，不确定性较高、形成产品前期的研究费用。前者被计入资产，而后者仍然被会计作为当期费用来处理。尽管未来收益存在不确定性，但研发费用仍应资本化。为了对研发资产进行资本化和估值。我们假设，研究和开发平均需要多长时间才能转化为商业产品，这与摊销期限紧密相关。这个过程因公司和将要创造的无形资产而异。例如，制药公司的研发费用应该有相当长的摊销年限，因为新药的审批过程很长。相比之下，软件公司的研究和开发费用，产品往往很快能研究出来，可以在更短的时间内摊销。

研发费用是被会计误作为营运费用的最典型的例子，但除了研发费用外还有一些其他运营费用也应该被视为资本支出，例如战略咨询与制定、市场调查研究、客户和社会关系、计算机化数据和软件开发以及人力资本等。它们能够增加组织知识并创造有助于提升公司长期绩效的能力，它们通常与销售费用和管理费用类别中的运营费用混合在一起。销售费用和管理费用是许多知识密集型公司（例如谷歌、英特尔、默克、微软和腾讯等）最大的成本项目，但其组成项目的细节却很少被披露。因此，即便SG&A投资资产在现代商业模式下显得十分重要，但通常难以被准确评估。

针对混杂在销售和管理费用中的投资性支出，通常有三类处理方法：

❖ 使用财务报表中所有销售费用和管理费用作为此类无形资产投资总额的代理。

❖ 将固定比例的销售费用和管理费用归类为无形资产投资，且假定这个比例在所有年份和行业中都是相同的。

❖ 采用计量方法将销售费用和管理费用中的投资性支出部分提取出来。

尽管前两种方法比较简单，但做法太过粗糙。对于第一种方法来说，并非所有销售费用和管理费用都具有投资性质，许多销售和管理支出（例如总部租金、客户交付成本和销售佣金等）主要用于支持当前而非未来的运营。而对于第二种方法来说，不同行业、采用不同商业模式、处于不同生命周期阶段的企业，销售费用和管理费用的结构常常差异很大。因此，第三种方法更加科学。我们以 Enache 和 Srivastava（2018）的研究为基准方法展示如何构建无形资产流量。

Enache 和 Srivastava（2018）将销售费用和管理费用（SG&A）分解为维持性成分（Maintain SG&A）和投资性成分（Investment SG&A）。其中前者只用于支持当期运营，比如总部和仓库租金、客户交付成本和销售佣金都属于这一类；后者能够在未来产生收益，包含战略咨询、市场研究、客户关系以及人力资本等。这么做的一个隐含的假定是，公司的资源有限，在进行资源分配时需要在当前和未来需求之间权衡。

根据支出是否旨在产生当前或未来收益来划分 SG&A，将 SG&A 划分为维持性 SG&A 和投资性 SG&A。从技术上可以通过以下过程实现。

第一步，分别按不同年份和行业估计公司在每一期的 SG&A 预测值，具体模型如下：

$$SG\&A_{i,t} = \alpha_{ind,t} + \beta_{1,ind,t} \times \mathrm{Re}\,venlue_{i,t} + \beta_{2,ind,t} \times Dummy\_Loss_{i,t} +$$
$$\beta_{3,ind,t} \times Dummy\_\mathrm{Re}\,venlue\_Decrease_{i,t} + \varepsilon_{i,t} \qquad (3.1)$$

其中，i 表示公司，ind 表示行业，t 表示时期；$\mathrm{Re}\,venlue$ 表示公司的营业收入，$SG\&A$ 表示 SG&A 中除了研发费用之外的其余部分，为了排除不同公司规模的影响，这两个变量可以除以期初和期末总资产均值进行标准化处理；由于会计损失一般伴随着重大的公司事件，为了排除此类事件的干扰，构建哑变量 $Dummy\_Loss$，出现会计损失取 1，否则取 0；此外，如果公司当期营业收入下降，则设置哑变量为 1，其余取 0。由于传统的成本归类 COGS 和 SG&A 不适用于金融公司，因此，金融公司除外。

第二步，估计维持性 SG&A，具体模型如下：

$$\overline{Ma\mathrm{int}\,enanceSG\&A_{i,t}} = \hat{\beta}_{1,ind,t} \times \mathrm{Re}\,venues_{i,t} \qquad (3.2)$$

其中，上面带∧的符号表示预测值，不带∧的符号表示实际值，比如 $\hat{\beta}_{1,ind,t}$ 来自方程（3.1）的回归结果，后文相同便不再赘述。

方程（3.2）的含义是，仅仅将与当前收入相匹配的支出作为费用。这么做有三个潜在的假定：

❖ 将销售费用和管理费用中的粘性部分视为投资性支出，因为这部分支出不随当前收入波动，但对公司的长期业绩至关重要，因此，没有将 Dummy_Revenue_Decrease 纳入方程（3.2）。

❖ 当公司在亏损后，有可能通过改变其原来成本模式来改善其未来的业绩，因此，没有将哑变量 Dummy_Loss 纳入方程（3.2）。

❖ 公司在无形支出（例如 IT 支出）上花费相对恒定的金额，这些支出不会产生直接收益，因而不随当前收入而变化，但这是保持公司竞争力、生存和长期盈利能力所必需的，因此，没有将截距项纳入方程（3.2）。

第三步，估计投资性 SG&A，即销售和管理费用中应当计入无形资产投资的部分，具体模型如下：

$$\overline{InvestmentSG\&A_{i,t}} = SG\&A_{i,t} - \overline{Ma\mathrm{int}enanceSG\&A_{i,t}} \qquad (3.3)$$

将得到的销售费用和管理费用中的投资性支出部分加上研发费用，就得到了每一期的无形资产流量。由于第二步中的三个假定都强调尽可能地将当期费用与当期营业收入进行匹配，这种从销售费用和管理费用中提取无形资产的方式有两个弊端：

❖ 由于第二步中的三个假定都倾向于将当期收入与当期成本进行匹配，因此，估计出的应当计入无形资产部分包括浪费性支出、用于间接费用和员工费用的闲置资源、固定成本、粘性成本和实际盈余管理。

❖ 一些公司在特定年度的无形资产投资部分可能为负，虽然我们可以将其归咎于公司投资不足，但终归还是第二步中强调当期收入与当期成本之间的匹配性所致。

在实际运用这个方法的时候，我们可以通过一定的检验程序来对第一步中的模型和第二步中的假定进行调整。具体步骤如下：

❖ 利用基准方法估计出销售费用和管理费用中的投资性支出和维持性支出。

❖ 分别计算投资性支出部分和维持性支出与公司当期和未来收益指标（营业收入、托宾 Q 值等）之间的相关性。

❖ 调整模型和假定，用计算出的投资性支出和维持性支出来重复上一步，如果新方法计算出的投资性支出与未来收益指标之间的相关性更高，与当期收益指标之间的相关性更低，而维持性支出与未来收益指标之间的相关性更低，与当期收益指标之间的相关性更高，则采用新方法，否则，最好采用原来的基准方法。

专栏 3-1 展示了采用基准方法估计的中国上市公司无形资产流量构造的结果。

专栏 3-1

中国上市公司无形资产流量构造

我们采用基准方法来展示如何构造中国上市公司的无形资产流量。我们选取 1998 年至 2020 年沪深两市全部 A 股的财务数据作为研究样本。为了尽可能地扩大样本容量和便于读者构建基本面量化投资模型时做参考，除了行业分类与企业不匹配之外，我们并未剔除其他任何样本。行业分类采用了申万行业分类标准 2021 版的一级行业。由于中国上市公司从 2018 年才开始公布研发费用，我们统一地将所有年份的研发费用合并入销售管理费用中。

表 3-1 分行业展示了中国上市公司销售、管理和研发费用占平均总资产百分比的描述性统计。不论是从均值，还是从中位数来看，销售费用、管理费用和研发费用占平均总资产比例最高的都是医药生物、家用电器、食品饮料和计算机行业，占比最低的四个行业分别为交通运输、公用事业、房地产和钢铁行业。

接下来，我们运用前文的基准方法估计销售费用、管理费用和研发费中应当作为投资性支出的部分，即应当从这些费用中提取出来资本化的部分。估计的基本步骤如下：

❖ 第一步，根据方程（3.1）估计销售费用、管理费用和研发费用的预测值；

❖ 第二步，根据方程（3.2）估计销售费用、管理费用和研发费用中的维持性部分，即应当作为费用在当期支出的部分；

❖ 第三步，根据方程（3.3）估计销售费用、管理费用和研发费用中的投资性部分，即应当提取出来资本化的部分，并计算其在财务报表中占据销售费用、管理费用和研发费用之和的比例。

表 3-1　中国上市公司销售费用、管理费用和研发费用占
平均总资产比例描述性统计　　　　　单位：%

行业	企业数量	均值	标准差	25%分位数	50%分位数	75%分位数
交通运输	1576	4.27	4.30	1.45	2.98	5.65
休闲服务	527	14.16	11.49	6.87	10.44	17.95
传媒	1717	10.85	18.59	5.48	8.64	12.90
公用事业	2318	4.29	4.55	1.50	3.14	5.75
农林牧渔	1048	8.72	5.25	4.82	7.90	11.45
化工	3383	8.12	5.68	4.81	7.13	10.07
医药生物	3432	16.78	12.40	8.21	13.25	22.48
商业贸易	1515	13.46	9.71	6.89	10.77	17.39
国防军工	861	7.06	4.32	4.39	6.31	8.59
家用电器	641	16.01	9.93	8.62	13.06	20.92
建筑材料	870	7.85	4.54	5.11	6.83	9.32
建筑装饰	1127	5.76	6.24	3.07	4.43	6.76
房地产	2494	4.53	10.24	1.61	2.58	5.01
有色金属	1487	6.36	9.64	3.37	5.05	7.40
机械设备	2753	8.85	4.43	6.03	8.14	11.01
汽车	1787	9.80	6.39	6.34	8.80	11.84
电子	2136	8.87	5.29	5.63	7.91	10.83
电气设备	1806	9.18	4.62	5.86	8.20	11.45
纺织服装	817	12.23	10.19	4.93	8.21	16.39
综合	585	6.70	11.12	2.90	4.63	7.88
计算机	1795	14.48	9.58	8.51	12.23	17.63
轻工制造	1090	9.58	6.55	5.19	7.93	11.55
通信	893	11.24	6.87	6.80	9.86	13.74
采掘	919	7.05	4.25	4.22	6.10	8.76
钢铁	559	4.86	2.65	3.01	4.19	6.16
非银金融	772	6.19	6.10	2.66	4.77	8.20
食品饮料	1176	15.26	11.10	7.63	12.70	18.94

数据来源：国泰安数据库。

为了控制企业规模带来的影响，我们将所有变量都除以企业的平均总资产。为了保证所有数据都是原汁原味的，我们在估计时并未像大多数文献一样，别除了销售费用、管理费用和研发费

用（甚至它们之和）为零的样本。

表 3-2 展示了按行业估计的结果。我们并不关注相关系数的

表 3-2　中国上市公司销售费用、管理费用和研发费用中
投资性支出分行业估计

行业	截距项	β_1	β_2	β_3	投资性支出占比（%）
交通运输	0.0268	0.0241	0.0000	0.0062	42.02
休闲服务	0.0819	0.1028	−0.0059	0.0238	57.74
传媒	0.0916	0.0258	0.0117	−0.0114	67.86
公用事业	0.0116	0.0636	0.0059	0.0103	−77.13
农林牧渔	0.0559	0.0459	−0.0029	0.0007	55.19
化工	0.0626	0.0273	−0.0043	−0.0030	65.81
医药生物	0.1347	0.0677	−0.0208	−0.0223	60.26
商业贸易	0.1177	0.0184	−0.0090	−0.0108	77.21
国防军工	0.0522	0.0357	0.0041	−0.0059	76.71
家用电器	0.0330	0.1351	−0.0165	0.0095	−7.33
建筑材料	0.0776	0.0092	−0.0089	−0.0071	82.51
建筑装饰	0.0424	0.0177	0.0103	0.0002	53.49
房地产	0.0116	0.0687	0.0097	0.0168	16.25
有色金属	0.0535	0.0051	0.0053	0.0112	87.77
机械设备	0.0638	0.0469	−0.0034	−0.0011	56.34
汽车	0.0602	0.0426	0.0043	0.0044	58.62
电子	0.0698	0.0289	−0.0013	−0.0008	74.37
电气设备	0.0709	0.0374	−0.0009	−0.0070	70.31
纺织服装	0.0473	0.1049	−0.0022	0.0128	12.13
综合	0.0452	0.0268	0.0203	−0.0050	63.98
计算机	0.1249	0.0365	0.0046	−0.0186	77.56
轻工制造	0.0678	0.0497	−0.0093	−0.0087	47.87
通信	0.0701	0.0658	−0.0040	0.0014	47.68
采掘	0.0547	0.0269	−0.0007	−0.0042	72.69
钢铁	0.0323	0.0155	−0.0025	−0.0007	64.60
非银金融	0.0384	0.0404	0.0095	0.0012	51.19
食品饮料	0.0827	0.0979	−0.0012	−0.0082	39.88

注：在回归时并未删除销售费用、管理费用、研发费用之和为零的数据，但是在计算投资性指出占比时，删除了销售费用、管理费用、研发费用之和为零的数据。

显著性。所有行业的截距项和 β_1 系数都为正，说明对于所有行业平均而言，在销售费用、管理费用和研发费用中都存在固定成本和变动成本。一些行业的 β_2 系数和 β_3 系数为正数，而在另一些行业这两个系数为负数。当这两个系数为负时，意味着对行业中的企业平均而言，当营业收入下降或净利润为负时，企业更多地面临资金约束，而不得不削减销售费用、管理费用和研发费用；反之，则意味着对于行业中的企业平均而言，当营业收入下降或净利润为负时，企业更多地采取调整和改变经营，扩大销售费用、管理费用和研发费用，以改善企业的经营状况。分行业的估计结果显示，大部分行业应当资本化的销售费用、管理费用和研发费用比例较高，有18个行业应当资本化的比例超过50%。在公用事业、家用电器、房地产以及纺织服装行业中，这些费用应当资本化的比例较低。值得注意的是，我们估计出来的结果显示，公用事业和家用电器行业的销售费用、管理费用和研发费用中应当资本化的比例为负值。虽然这按照 Enache 和 Srivastava（2018）的解释是，这些行业也许存在着投资不足，但在这么解释之前最好还是按照前文提供的步骤对模型和假设进行调整。

3.3.2 估计无形资产的摊销率

无形资产在未来带来的收益都将随时间的推移而降低，因此，必须对其进行摊销。关于无形资产摊销比率的估计，目前主要有专利更新法、生产函数法、摊销法、市场估值法和最大化预期利润法。这些方法或多或少都存在不足。如果不进行一系列严格的假定，这些方法都难以解决无形资产投资随时间变化的问题；专利更新法不能涵盖公司所有的无形资产，而且即便专利过期，其背后的创新也仍然可能为公司创造收益；摊销法虽然采用了更加一般化的模型形式，但通常需要对无形资产和其产生的收益之间的关系做出非常严格的假定；生产函数法和市场估值法通常假设无形资产的平均实际收益率等于其预期收益率；市场估值法依赖市场定价是无偏的假定，利用公司的市场价值作为无形资产价值的代理变量。这里主要介绍生产函数法中的最小化成本法和最大化利润法以及 Li 和 Hall（2020）提出的最大化预期利润方法。

3.3.2.1 生产函数法

生产函数法是估计无形资产摊销率最常用，也是表现最为稳定的方法。用生产函数法估计无形资产摊销率依赖于对生产函数具体形式的设定，根据求解问题或者对市场结构的假定又可以分为两种，即最小化成本法和最大化垄断利润法。

3.3.2.1.1 最小化成本法

这种方法源自 Mairesse 和 Mohnen（1990）及 Griliches（2007），在无形资产生产率和投资回报率的研究中被广泛应用。假定在 t 时期公司 i 的生产函数为：

$$y_{i,t} = f(\mathbf{x}_{i,t}, Intangible_{i,t}, t) \tag{3.4}$$

其中，y 表示产出；$\mathbf{x}$ 是一个向量，表示其他投入，可以包含劳动、中间投入品和有形资产等；$Intangible$ 表示无形资产；在函数中包含时间 t 以涵盖随时间变化，无形资产的投入能够改变生产函数的可能性。

对于任意一个公司 i，我们采用一个恒定不变的无形资产摊销率 δ_i，那么，无形资产存量方程可以表示为：

$$Intangible_{i,t} = (1 - \delta_i) Intangible_{i,t-1} + Iint_{i,t} \tag{3.5}$$

其中，$Iint$ 表示无形资产投资流量。

如果假定无形资产的长期增长率为 g_i，那么，式（3.5）可以调整为：

$$\log Intangible_{i,t} \cong \log Iint_{i,t} - \log(\delta_i + g_i) \tag{3.6}$$

即便无形资产的产出弹性可能影响摊销率的选择，但是从弹性推导出来的无形资产投资回报率却不受影响。如果采用柯布道格拉斯形式的生产函数，则无形资产投资净回报率能够表示为：

$$r_{i,t}^{Int} \equiv \frac{\partial f\left(\mathbf{x}_{i,t}, Intangible_{i,t}, t\right)}{\partial Intangible_{i,t}} - \delta_i = e_{int} \frac{y_{i,t}}{Intangible_{i,t}} - \delta_i \qquad （3.7）$$

其中，e_{int} 表示无形资产的产出弹性。

利用弹性来估计无形资产的摊销比率有两个基本的途径：

第一个途径，在完全竞争的假定下，直接令无形资产的投入份额等于其产出弹性，求解出使式（3.7）成立的无形资产摊销率。但是这种方法有两个弊端：第一，很多公司投入无形资产（比如进行研发投资）的主要目的是谋求市场势力，这使得完全竞争的假定往往违背事实；第二，生产函数中忽略了外购的投入和材料，这可能导致生产率系数严重偏高。

第二个途径，采用一个相对弱的假定，公司面临要素规模中性和需求效应时依据成本最小化的原则进行决策。在这个假定下，有形资产和无形资产的产出弹性与它们的投入份额成比例，消除了由规模和成本加成产生的偏差。这个假定意味着以下关系成立：

$$\frac{e^{int}}{e^{tan}} = \frac{c^{int} Intangible}{c^{tan} Tan} \qquad （3.8）$$

其中，e^{int} 和 e^{tan} 是无形资产和有形资产的产出弹性；c^{int} 和 c^{tan} 分别是无形资产和有形资产的成本。

在新古典经济学假定下，资本成本 $c^j, (j = int, tan)$ 由以下方程给出：

$$c_t^j(t) = p_t^j \left[1 - \frac{\left(1 - \delta^j\right)\left(p_{t+1}^j / p_t^j\right)}{1 + r^{req}} \right] \qquad （3.9）$$

其中，p_t^j 是资本与产出之间的相对价格，r^{req} 是要求的回报率。

在给定 e^{int} 和 e^{tan} 以及已知 $c^{tan} Tan$ 的条件下，这个关系允许我们计算 $c^{int} Intangible$ 以及与观测到的无形资本进行比较，以便估计无形资本成本以及摊销比率。

3.3.2.1.2 最大化垄断利润法

Huang 和 Diewert（2011）认为，成功的无形资产投资往往能给企业带来一定的市场势力，因此，最小化成本法中的竞争性假设不成立。企业能够通过投资无形资产获得一定的市场势力，企业能够获取垄断利润，因此一个更加合理的假设是，企业的目标是最大化垄断利润。具有市场势力的企业最大化如下问题：

$$\max_{\mathbf{x}_t, Intangible_{t+1}} \sum_{t=0}^{\infty} \rho_t \left[p_t(y_t, t) y_t - \mathbf{w}_t \mathbf{x}_t - p_{I,t} Iint_t \right]$$
$$s.t.: y_t = f\left(\mathbf{x}_t, Intangible_t, t\right), Intangible_t = Iint_{t-1} + \left(1 - \delta\right) Intangible_{t-1} \tag{3.10}$$

其中，角标 t 表示时期；ρ 表示折现率；$\mathbf{w}_t$ 表示其他投入的价格向量；$Iint_t$ 表示无形资产投资；$p_{I,t}$ 表示对应的价格指数。

在这个模型中，我们假定每个企业最大化垄断利润的现值，那么，最大化问题的一阶条件如下：

$$p_t \nabla_{\mathbf{x}} f(\bullet) + \left[\partial p_y \left(y_t, t\right) / \partial y_t \right] y_t \nabla_{\mathbf{x}} f(\bullet) = \mathbf{w}_t \tag{3.11}$$

$$\rho_{t+1} \left\{ y_{t+1} \frac{\partial P(\bullet)}{\partial y} \frac{\partial f(\bullet)}{\partial Intangible_{t+1}} + p_{t+1} \frac{\partial f(\bullet)}{\partial R_{t+1}} + P_{r,t+1} \left(1 - \delta\right) \right\} = \rho_t p_{I,t} \tag{3.12}$$

其中，p_t 表示产出的价格指数，$p_t = P\left(y_t, t\right)$ 表示产出的反需求函数；$\nabla_{\mathbf{x}} f(\bullet)$ 是生产函数关于其他投入要素的一阶偏导；$\rho_t / \rho_{t-1} = 1 + r_t$，$r_t$ 表示名义利率。

用 e 表示需求（产出）价格弹性，那么，可以定义一个垄断的价格加成因子 M_t，其具体表达式如下：

$$M_t = 1 + \frac{1}{e} = 1 + \frac{\partial P(y, t) / \partial y_t}{p_t / y_t} \tag{3.13}$$

因此，可以通过估计如下方程组得到无形资产的摊销比率：

$$\frac{w_{t,i}}{p_t} = M \frac{\partial f(\bullet)}{\partial x_i}$$

$$(1+r_t) = (1-\delta)\left(\frac{P_{r,t+1}}{P_{r,t}}\right) + \left(\frac{P_{r,t+1}}{P_{r,t}}\right) M_t \frac{\partial f(x_{t+1}, R_{t+1}, t+1)}{\partial R_{t+1}} \quad （3.14）$$

$$y_t = f(x_t, R_t, t)$$

以上方程组，通常可以采用广义矩方法（Generalized Method of Moments，GMM）进行估计。

3.3.2.2 最大化预期利润法

最大化预期利润法由 Li 和 Hall（2020）提出。该方法基本上能够在很大程度上解决前述专利更新法、生产函数法、摊销法以及市场估值法面临的那些问题。最大化预期利润法对生产函数并不做任何假定，利润最大化的公司进行无形资产投资决策的依据是无形资产的边际成本等于边际收益。这可以描述为以下问题：

$$\max_{Intangible_t} E_t[\pi_t] = E_t\left[\sum_{j=0}^{\infty} \frac{S_{t+j+d} I(Intangible_t)(1-\delta)^j}{(1+r)^{j+d}}\right] - Intangible_t$$

$$（3.15）$$

其中，t 表示时期；$Intangible$ 表示无形资产存量；S 表示营业收入；函数 $I(\bullet)$ 表示无形资产的利润率；$\delta \in (0,1)$ 表示无形资产的摊销比率；r 表示资本成本；d 是一个不小于零的整数，衡量了无形资产投入多长时间后能够为企业产生收益。假定营业收入在 t 时期后以增长率 g 稳定增长。

无形资产的价格通常是难以观测的，为了解决这个问题，将 $I(\bullet)$ 定义为一个凹函数：

$$I(Intangible) = I_\Omega\left[1 - \exp\left(\frac{-Intangible}{\theta}\right)\right] \quad （3.16）$$

其中，$I''(\bullet) < 0, I'(\bullet) > 0, \lim_{Intangible \to \infty} I(\bullet) = I_\Omega$；$\theta$ 度量了无形资产投资规模，作为平减指数用来捕捉许多行业无形资产投资随

时间增加的趋势。

这种形式的无形资产利润率函数有很多优越性：第一，它假定无形资产投资遵循现实中普遍观测到的边际报酬递减的规律；第二，通过设置不同的 θ 值可以容许不同行业的无形资产投资规模不同；第三，研发投资具有固定成本，公司具有多个项目，无形资产生产率在不同的公司间也不同，公司的自我选择行为保证观测到的无形资产生产率与公司规模负相关。当然这里也有一个隐含的假定，即创新是增量的，这与现实中观测到的大量的研发是由行业中的大公司来实现的现象相吻合。

假定 θ 随时间变化的模式为 $\theta_t = \theta_0 (1+G)^t$，其中 G 是 θ_t 的增长率，为了估计这个增长率，假定行业的无形资产投资和无形资产规模的增长模式相同，通过估计无形资产规模的增长率来估计无形资产投资的增长率，$Intangible_t = Intangible_0 (1+G)^t$。将无形资产投资的利润率函数代入式（3.15），则无形资产的投资模型可以变形为：

$$\pi_t = I_\Omega \left[1 - \exp\left(\frac{-Intangible_t}{\theta_0 (1+G)^t} \right) \right] \sum_{j=0}^{\infty} \frac{S_t (1+g)^d}{(r+\delta-g+g\delta)(1+r)^{d-1}} - Intangible_t$$

（3.17）

公司利润最大化过程使得利润函数的一阶导数等于零，于是得到下式：

$$\frac{\partial \pi_t}{\partial Intangible_t} = \exp\left(\frac{-Intangible_t}{\theta_0 (1+G)^t} \right) \frac{I_\Omega}{\theta_0 (1+G)^t} \frac{S_t (1+g)^d}{(r+\delta-g+g\delta)(1+r)^{d-1}} - 1 = 0$$

（3.18）

为了估计以上方程，我们加入一个随机干扰项，得到待估计的方程为：

$$\varepsilon_t \equiv \frac{\theta_0 \left(1+\hat{G}\right)^t}{I_\Omega} \exp\left(\frac{\theta_0 \left(1+\hat{G}\right)^t}{Intangible_t}\right) - \frac{S_t \left(1+\hat{g}\right)^d}{\left(r+\delta-\hat{g}+\hat{g}\delta\right)\left(1+r\right)^{d-1}}$$

（3.19）

其中，$\hat{G}$ 和 $\hat{g}$ 通过利用所有样本的时间序列得到。

为了估计需要，对 I_Ω、r 和 d 做出假定。I_Ω 可以采用非金融公司的年均总资产回报率，因为在均衡条件下，无套利条件使得有形资产和无形资产的回报率相等，且这个报酬率应当等于资本成本。d 的取值通常设置为 2，当然也可以设置为其他合适的值。$Intangible$ 和 S 的取值可以直接来自财务报表，其中 S 可以采用营业收入作为代理，并用其平均增长率来度量 G 和 g。因此，需要估计的参数只有 θ_0 和 δ。估计方法可以采用非线性最小二乘法（Non-linear Least Squares，NLS）和非线性的广义矩方法（Non-linear Generalized Method of Moments，NGMM）。

专栏 3-2 总结了目前一些学者运用不同方法估计出的无形资产摊销比率。

专栏 3-2

运用不同方法估计的研发资产摊销比率

关于无形资产摊销比率的估计，学界研究最多的是研发资产的摊销比率。3.2 中介绍的几种方法实际上都是源自以往文献对研发资产摊销比率的研究。我们将这些采用不同研究法得出的研究结果整理在表 3-3 中。虽然这些结果各不相同，但还是有一些重要的启示：

❖ 每个行业的研发资产摊销比率差异较大，这意味着以往研究中对所有行业的研发资产采用相同的摊销比率是不合理的。

❖ 相对于其他方法来说，摊销法估计的结果最为保守，估计出的摊销比率较低，生产函数法和市场估值法的结果比较接近。

❖ 在不同的研究结果中，化学品、药品和医疗器械、制药等行业的摊销比率较低，而科研开发、科学仪器等相关行业的摊销比率较高，这显示出在过去几十年中相对于前者，后面这些行业的创新速度更快。

国外关于研发资产摊销比率的研究较多，但是国内相关研究较少，而不论是国外还是国内，我们都尚未找到从销售费用与管理费用中提取出来的无形资产摊销比率估值的文献。因此，推进国内各类无形资产摊销比率估值的相关研究，是我们下一步的重点工作之一。

表 3-3　不同方法的研发资产摊销比率

研究者	估计方法	行业	摊销比率（%）	数据
Lev 和 Sougiannis （1996）	摊销法	化学品	11	1975~1991年825家美国企业
		电子设备	13	
		工业机械	14	
		科学仪器	20	
		运输设备	14	
Ballester等 （2003）	摊销法	化学品	14	1985~2001年652家美国企业
		电子设备	13	
		工业机械	14	
		科学仪器	14	
		运输设备	17	
Berstein 和 Mamuneas （2006）	生产函数法	化学品	18	1954~2000年美国Computstat数据
		电子设备	29	
		工业机械	26	
		运输设备	17	
Hall （2005）	市场估值法	计算机和科学仪器	31	1974~2003年16750家美国企业
		电子设备	36	
		化学品	19	
		药品和医疗器械	15	
		金属和机械	32	

续表

研究者	估计方法	行业	摊销比率（%）	数据
李青原（2006）	市场估值法	制造业	18~26	2001~2003年205家中国上市公司制造业企业
Li 和Hall（2020）	最大化预期利润法	计算机设备	28	1987~2007年美国行业层面的BEA-NSF数据
		软件	34	
		制药	15	
		半导体	31	
		航空航天产品和零件	26	
		通信设备	24	
		计算机系统设计	25	
		机动车辆、车身和拖车以及零件	33	
		导航、测量、电子医疗和控制仪器	23	
		科研开发	32	

数据来源：笔者根据相关文献整理所得。

3.4 对会计报表的其他调整

3.4.1 对经营租赁的调整

除了研发费用以及部分销售费用和管理费用外，一些隐藏在财务费用中的支出也应当资本化。例如经营租赁，会计常常将经营租赁相关支出处理为经营费用。然而这些支出跟资本具有相似的性质，会引起未来收入的增加或成本的降低。

随着国际金融局势的动荡，关于经营租赁的调整已经引起了会计的重视。2016 年 1 月，国际会计准则理事会（International Accounting Standards Board，IASB）发布了《国际财务报告准则第16 号——租赁》，取消了承租人经营租赁和融资租赁的双重会计模式，用一个类似于融资租赁的会计模式取而代之。为了与国际接轨，我国财政部在 2018 年末印发了《企业会计准则第 21 号——租赁》，要求在境内外同时上市的企业以及在境外上市并采用国际财务报表准则或企业会计准则编制财务报表的企业，自 2019 年 1 月 1 日起施行；其他企业自 2021 年 1 月 1 日起施行。

为了保证数据的一致性，我们还是需要对以前的经营租赁进行调整。调整经营租赁的过程与资本化研发费用的过程相似。具体步骤如下：

❖ 假定平均经营租赁年限；

❖ 计算每年支付的经营租赁款额度；

❖ 选择并计算折现利率（可以考虑利用债务成本作为折现率）；

❖ 计算经营租赁资产现值；

❖ 计算租赁负债的利息和使用权资产的折旧。

对经营租赁的调整将对财务报表产生三方面的影响：第一，在资产负债表中增加使用权资产，属于非流动资产；相应地在负债中增加租赁负债，归属于非流动负债。这会导致资产和负债同时增加。第二，在利润表中，营业成本中需要扣除原来的租赁费用再加上使用权资产的当期折旧；财务费用增加租赁负债当期的利息费用。这会导致利息费用前高后低，对企业利润的影响逐年降低，对正确评估企业利润具有较大的影响。第三，在现金流量表中，虽然实际支付的租赁费用没有发生变化，对现金流总量没有影响，但是应当将租赁负债归还的本金及利息费用从经营活动现金流出调入筹资活动现金流出。

3.4.2　对非持续经营项目的调整

营业利润是评估企业价值的基础，它必须反映企业持续经营的业绩，因此，有必要对一次性的、非经常发生的或者其他特殊项目进行调整。从量化投资研究的角度来看，对这些项目应当视情况，或者单独计算，或者想办法尽量平滑处理，以保证利润确实反映了企业的可持续经营活动，并便于构建模型预测未来增长。

财务报表中的非持续经营项目通常包含四种情形，我们建议的处理方法分别如下：

❖ 一次性的收入或费用。比如一家企业在过去十年间受到的一次性罚款，这通常记在营业外支出中。这笔费用应当从营业利润和净利润中剔除，或者拿出来单独处理。

❖ 并非每年都发生，但每隔数年就会发生的费用和收入。比如在过去 12 年中，每隔 3 年就会发生一次的重组费用。这时比较合理的做法是，将其逐年分摊，分摊的周期应当大致等于这些费用或收入发生的平均时间间隔。

❖ 每年都会发生，但是变化幅度很大的收入或费用。处理此类项目的最佳方法是，按照企业的营业周期来将其逐年分摊。

❖ 每年都会发生，变化幅度不大但符号会发生变化的项目，可能在某些年份为正，而在某些年份为负。比如汇率变化对企业海外销售额的影响，此时比较谨慎的做法是，忽略这些因素对利润的影响，将这些变化产生的风险纳入折现率进行考虑。

要区分这些项目，研究者需要审慎地考察公司的财务历史。但对于年轻的公司来说，这可能难以实现，因此，更难的是在应该忽略的费用、应该正规化的费用和应该全额考虑的费用之间划清界限。

3.4.3　对并购和资产剥离的调整

会计可能会对并购后几年的财务报告收益造成严重破坏。并购最常见的副产品是商誉，商誉摊销将在未来几年内减少利润。在并购一些科技和服务类公司时，一些研究者认为，支付超过账面价值的溢价是合理的，因为这些公司有很多没有被资本化的费用，比如研发投入以及应该被资本化的销售和一般管理费用。如果把这些费用资本化，那么，未必是支付了高溢价。

当公司剥离资产时，产生的收入在会计上计入投资收益。被剥离的资产一般以两种形式出现：

❖ 具法人地位的子公司以及无法人地位的按地区、产品分类的部门、分公司或生产线。资产剥离的会计处理，应分别按被剥离资产的形式不同而有区别。当被剥离的企业出售的是其控股子公司时，应根据收到的现金（或其他资产）与长期股权投资账面价值之间的差额确认"投资收益"。

❖ 若被剥离的资产为企业内部的无独立法人地位的部门或产品生产线时，则应视为资产处理，通过"固定资产清理"进行核算，清理中的净损益，列入"营业外收支"。

对于不经常发生的资产剥离，可以当作一次性事项处理，将其剔除或者单独计算。但是一些公司会定期剥离资产，在计算利润时最好是忽略剥离资产带来的收入，在计算资本支出时考虑税后的资本利得。比如一家公司有5000万元的资本支出，其中3000万元的折旧，还有1800万元的税后资产剥离收入，那么，该公司当年的资本支出为200万元。

在基本面量化投资研究中，关于并购和资产剥离的另一个重要问题是，企业的这些行为很可能改变利润等绝对数额的趋势。比如，一家处于衰退行业的企业，通过并购一家当期利润额度较大的企业，可能从账面上能够迅速扭转其利润下降的趋势。但这种趋势可能是短暂的，或者至少被高估，此时最好的做法是追溯被并购公司的历史财务报表，并将其与并购方数据合并之后进行估计或者预测，或者在模型中将其剔除，进行单独考虑。

3.4.4 对投资和交叉持有的调整

投资可交易证券产生两种类型的收入：第一，利息或者股利；

第二，资本利得或者损失。我们认为，任何一种收入都不能用于评估企业的价值，除非公司本身就是主营业务为买卖证券的金融服务公司。估计公司价值时，应当分开计算，先估计自身业务的价值，再加上持有证券的市场价值（而不是证券的收益）。

对于较大份额的交叉持有，收入也会受到被持股公司的影响。交叉持股分为三种不同类型：

❖ *少数被动持有，此时只有收到的利息或者股利计入利润。*

❖ *少数主动持有，此时子公司的部分净利润计入公司的利润表，但是并不计入营业利润。*

❖ *多数主动持有，此时子公司的财务报表将与母公司合并，子公司的利润显示在母公司的营业利润中，净利润被其他股东持有的少数股东权益调整。*

对前两种类型最安全的处理方式是，在利润表中忽略它，分别估值，然后再加回来。对于第三种情况，可以按照合并财务报表来估值，然后减去少数股东权益。但这么做的潜在假定是，两个公司的业务相同、风险相同或者资本成本相同。

3.5　重构企业的财务报表

在当前的会计准则体系下，资产负债表依据流动性将企业的资产和负债按顺序罗列，而利润表按照分步式计算公司的净利润和综合收益。这种做法的一个致命缺陷是，无法在企业的成本与收益之间建立起清晰的逻辑联系，导致投资者无法建立分析和决策的基础。一个比较好的解决思路是如郭永清（2021）的研究，参照现金流量表中的活动，分类统一地对资产负债表和利润表进行重构。接下来，我们将展示如何在郭永清（2021）的基础之上，结合本章前面几节的内容来重构企业的财务报表。

3.5.1　重构之后的资产负债表

我们首先按照现金流量表中的活动分类对资产负债表进行重构。筹资活动对应公司的资本总额，即公司从股东和债权人处筹集的资金总额；投资活动和经营活动对应公司的资产总额，即公司在不同的资产项目上投入的资金总额。重构后，为了体现企业的债务风险和索取权属性，资本的分类基本保持不变，仍然按照其来源和期限进行划分，但资产不再按照流动性分类，而是按照带来经济利益的方式分类，分为金融资产、经营资产、长期股权投资三类：

❖ 金融资产，通过收取利息、现金股利、租金以及资本差价的方式赚取更多的收入。金融资产包括银行存款、其他货币资金、交易性金融资产、衍生金融资产、债权投资、其他债权投资、持有至到期投资、可供出售金融资产、其他权益工具投资、投资性房地产等。在非金融行业，金融资产是低收益资产，其收益率通常低于公司的资本成本，而金融行业中的企业常常可以因为金融资产的获取成本较低而具有较高的收益能力。

❖ 经营资产，通过公司自身开展的各类经营活动来赚取更多的收入。经营资产又可以分为长期经营资产和周转性经营投入。其中长期经营资产包含固定资产、无形资产、商誉等变现周期较长的资产，周转性经营投入包括公司在生产经营活动过程中需要投入的营运资产（存货、应收款项、预付款项等）扣减生产经营活动过程中形成的营运负债（应付款项、应付税费、预收款项等）后的净额，但不包含未投入循环的金融资产以及和营运活动无关的短期债务。

❖ 长期股权投资，通过按持股比例享有被投资公司利润的方式赚取更多的收入。长期股权投资与金融资产中股票投资的区别在于，前者是投资联营公司和合营公司的股权，并非为了在短期赚取股利或者买卖价差，而是为了强化供应链关系、巩固市场地位或者进入新的市场等战略意图。

表 3-4 展示了重构之后的资产负债表。重构之后，现金流量表中的各类活动和资产负债表中的项目建立了更加清晰的逻辑关系：经营活动现金流量对应资产负债表中的周转性经营投入；投资活动现金流量中的理财型投资活动形成资产负债表中的金融资产，战略型投资活动形成资产负债表中的长期经营资产和长期股权投资；筹资活动现金流量的债务筹资对应资产负债表中的短期债务和长期债务，股权筹资对应资产负债表中的股东权益。销售费用和管理费中被资本化的部分划入周转性投入，研发费用资本化后划入长期经营资产中的无形资产，经营租赁形成的资产划入长期经营性资产。长期负债中应当调增使用权资产现值，由于资本化处理无形资产和使用权资产引起的总资产与总负债之间的差额部分划入股东权益。

表 3-4　重构之后的资产负债表

标准资产负债表项目	重构之后的分类	备注
资产		
货币资金、交易性金融资产、衍生金融资产、发放贷款及垫款、可供出售金融资产、持有至到期投资、投资性房地产、应收利息、应收股利、买入返售金融资产、债权投资、其他债权投资、其他权益工具投资、持有待售资产、其他非流动金融资产、金融资产递延所得税资产（减金融资产递延所得税负债）	金融资产	
营运资产 应收票据、应收账款、应收款项融资、预付款项、存货（含消耗性生物资产）、合同资产、其他流动资产、长期应收款、营运递延所得税资产、资本化的销售费用和管理费用部分、营运性无形资产	周转性经营投入=营运资产-营运负债	销售费用和管理费用中被资本化的部分通常与经营活动紧密相关，经折旧摊销处理后划入营运性无形资产

续表

标准资产负债表项目	重构之后的分类	备注
营运负债 应付票据、应付账款、预收款项、合同负债、应付手续费及佣金、应付职工薪酬、应交税费、递延收益——流动负债、其他流动负债、递延收益——非流动负债、营运递延所得税负债	周转性经营投入=营运资产–营运负债	其他流动资产和其他流动负债，如果与经营活动相关则划分为营运资产；否则划分为金融资产
其他应收款、一年内到期的非流动资产、其他流动资产	金融资产或营运资产	按是否与营运活动密切相关进行具体划分
长期股权投资		
固定资产、在建工程、工程物资、固定资产清理、生产性生物资产、油气资产、使用权资产、无形资产、开发支出、商誉、长期待摊费用、其他非流动资产、长期经营资产的递延所得税资产	长期经营资产	资本化的研发费用经摊销处理后划入无形资产；经营租赁相关资产经处理后划入使用权资产
负债/资本		
短期借款、交易性金融负债、衍生金融负债、持有待售负债、应付利息、应付短期债券、一年内到期的非流动负债	短期债务或者营运负债	
其他应付款、其他流动负债、预计负债	短期债务	按照是否与营运密切相关进行具体划分
长期借款、应付债券、租赁负债、长期应付款	长期负债	调增使用权资产现值
其他非流动负债	长期债务	按照是否与营运密切相关进行具体划分，与营运相关则归为营运负债，如果与筹资有关则归为长期负债
实收资本（或股本）、其他权益工具、资本公积金、专项储备、盈余公积金、一般风险准备、未分配利润、库存股（作为减项）、应付股利、外币报表折算差额、未确认的投资损失	股东权益	调增由于资本化无形资产和使用权资产引起的总资产与总负债差额

注：标准的资产负债表中并没有"营运性无形资产"这一项，我们在表中新加入这项是为了纳入销售费用和管理费用中被资本化的部分。

资料来源：郭永清（2021）以及笔者整理。

3.5.2 重构之后的利润表

公司的资产在使用过程中被转换为成本费用的同时产生收入。金融资产所产生的收益是金融资产收益，长期股权投资所产生的收益是股权投资收益，经营资产所产生的收益是经营利润。公司的资本在投入使用后需要付出相应的回报，即资本成本，其中股东权益对应股权资本成本，债务对应债务资本成本。我们参照重构资产负债表的方式来重构利润表，并最终通过扣除资本成本来计算股东价值增加值。这样可以使投入的各类资产与其产生的收益之间的逻辑关系更加清楚，也更加全面地考虑公司的资本成本和股东价值。表3-5展示了重构之后的利润表。

表3-5　重构之后的利润表

编号	项目	计算过程	备注
经营资产产生的收益			
（1）	营业收入		
（2）	营业成本		调减因经营租赁调整产生的隐含利息
（3）	毛利	=（1）-（2）	
（4）	税金及附加		
（5）	销售费用		扣除被资本化部分，并调增资本化费用和使用权资产的折旧与摊销
（6）	管理费用		
（7）	经营资产减值损失		
（8）	信用减值损失		金融资产信用减值损失应归类入金融资产收益
（9）	资产处置收益		对非持续经营事项进行单独计算或者平滑处理；调整并购与资产剥离
（10）	其他收益		
（11）	营业外收入		
（12）	营业外支出		

续表

编号	项目	计算过程	备注
（13）	息税前经营利润	＝（1）-（2）-（4）-（5）-（6）-（7）-（8）+（9）+（10）+（11）-（12）	
（14）	经营利润所得税	＝（13）×（33）	
（15）	息前税后经营利润	＝（14）-（13）	
金融资产产生的收益			
（16）	短期投资收益		扣除金融资产信用减值损失
（17）	利息收入		
（18）	净敞口套期收益		
（19）	公允价值变动收益		
（20）	汇兑净收益		
（21）	其他综合收益		
（22）	息税前金融资产收益	＝（16）+（17）+（18）+（19）+（20）+（21）	
（23）	金融资产收益所得税	＝（22）×（33）	
（24）	息前税后金融资产收益	＝（22）-（23）	
长期股权投资产生的收益			
（25）	长期股权投资收益		通常是税后收益
（26）	息税前利润总额	＝（13）+（22）+（25）	
（27）	息前税后利润总额	＝（15）+（24）+（25）	
债务资本成本			
（28）	真实财务费用		
（29）	财务费用抵税效应	＝（28）×（33）	
（30）	税后真实财务费用	＝（29）-（30）	
所得税			
（31）	息后税前利润	＝（26）-（28）	
（32）	减：所得税		
（33）	实际所得税税率	＝（32）/（（31）-（25））×100%	
（34）	净利润	＝（31）-（32）	
股权资本成本			
（35）	股权资本成本	＝所有者权益账面价值×预期权益报酬率	
股权价值增加值			
（36）	股权价值增加值	＝（34）-（35）	

资料来源：郭永清（2021）以及笔者整理。

重构之后的利润表不再包含研发费用，因为我们通常将其资本化。销售费用和管理费用由当期未被资本化的部分以及累积被资本化部分（研发费用、原来销售管理费用中被资本化的部分以及使用权资产）的折旧与摊销构成。资产处置收益、其他收益、营业外收入和营业外支出中的非持续经营事项被平滑处理，或者被单独计算。金融资产减值损失归为金融资产收益，经营资产减值损失归为经营利润，长期股权减值损失归为对联营企业和合营企业的股权投资收益。短期投资收益是标准利润表中投资收益扣除对联营企业和合营企业的股权投资收益后的金额，主要来自短期的理财型投资活动。真实财务费用，是指标准利润表中的财务费用减去财务报表附注中的利息收入再加上调整经营租赁产生的隐含利息。利息收入在标准利润表财务费用中被作为抵减项扣除，但是利息收入在本质上应当作为金融资产的收益。

息前税后经营利润、息前税后金融资产收益是指该类资产取得的收益扣除应承担的企业所得税后的金额，息前税后利润是指公司资产总额取得的收益扣除企业所得税后的金额，均没有扣除相应的债务利息。企业实际所得税税率，是指企业实际承担的企业所得税负担，其计算公式为：企业实际所得税税率＝企业所得税费用÷（税前利润总额－长期股权投资收益）×100%。其中长期股权投资收益是税后的收益，在进入利润表之前已经在被投资公司扣除过所得税，因此，不再重复计税。

股权价值增加值，是指扣除股东预期回报后公司额外为股东创造的价值，是净利润减去所有者权益账面价值乘以预期权益报酬率。如果公司发行了优先股，还要减去优先股股利，才是普通股股东价值增加值。在调整后的利润表中，如果息后税前利润为负数，则意味着无法满足债权人的预期回报，公司可能陷入财务困境。如果息后税前利润为正，而股权价值增加值为负数，则表示公司未能满足股东的预期回报，损害了股东价值。只有当股权价值增加值为正时，公司才真正为股东创造了价值。

重构之后的利润表具有三个方面的重要特征：

❖ 投入资产与其产生的收益之间的逻辑关系更加清晰，有利于投资者理解成本与收益之间的匹配关系，并在此基础上计算各种有用的比率。

❖ 增加了股权价值增加值这一项，有利于投资者更加清楚地了解企业为股东创造了多少价值。

❖ 利润和股东价值增加值指标变得更加平滑，有助于提高量化投资研究相关的预测性。

3.5.3 重构之后的现金流量表

由于资产负债表和利润表都是依据现金流量分类来进行重构的，因此，我们不再过多讨论现金流量表的调整。但是需要注意的是，对无形资产和使用权资产的调整会影响到现金流量表。资本化费用的过程要求，在现金流量表中将相等的金额从经营活动现金流出调整到投资活动现金流出。而对于使用权资产的调整要求，将租赁负债归还的本金及利息费用从经营活动现金流出调入筹资活动现金流出。此外，现金流量表不需要额外的调整。表3–6展示了重构之后的现金流量表。

表3–6　重构之后的现金流量表

序号	项目	计算过程	备注
一、经营活动产生的现金流量			
（1）	销售商品、提供劳务收到的现金		
（2）	收到的税费返还		
（3）	收到的其他与经营活动有关的现金		
（4）	**现金流入小计**	＝（1）~（3）之和	

序号	项目	计算过程	备注
（5）	购买商品、接受劳务支付的现金		
（6）	支付给职工以及为职工支付的现金		
（7）	支付的各项税费		
（8）	支付的其他与经营活动有关的现金		调减研发费用、销售费用和管理费用中被资本化的部分对应的现金金额以及实际支付的经营租赁付款额
（9）	**现金流出小计**	＝（5）～（8）之和	
（10）	**经营活动产生的现金流量净额**	＝（4）－（9）	

二、投资活动产生的现金流量

序号	项目	计算过程	备注
（11）	收回投资所收到的现金		
（12）	取得投资收益所收到的现金		
（13）	处置固定资产、无形资产和其他长期资产所收回的现金净额		
（14）	收到的其他与投资活动有关的现金		
（15）	**现金流入小计**	＝（11）～（14）之和	
（16）	购建固定资产、无形资产和其他长期资产所支付的现金		
（17）	投资所支付的现金		
（18）	支付的其他与投资活动有关的现金		调增研发费用、销售费用和管理费用中被资本化的部分对应的现金金额以及实际支付的经营租赁付款额
（19）	**现金流出小计**	＝（16）～（18）之和	
（20）	**投资活动产生的现金流量净额**	＝（15）－（19）	

续表

序号	项目	计算过程	备注
三、筹资活动产生的现金流量			
（21）	吸收投资所收到的现金		
（22）	借款所收到的现金		
（23）	收到的其他与筹资活动有关的现金		
（24）	**现金流入小计**	=（21）~（23）之和	
（25）	偿还债务所支付的现金		
（26）	分配股利、利润或偿付利息所支付的现金		
（27）	支付的其他与筹资活动有关的现金		
（28）	**现金流出小计**	=（25）~（27）之和	
（29）	**筹资活动产生的现金流量净额**	=（24）-（28）	
（30）	**四、汇率变动对现金的影响**		
（31）	**五、现金及现金等价物净增加额**		
（32）	**加：期初现金及现金等价物余额**		
（33）	**六、期末现金及现金等价物余额**	=（10）+（20）+（29）+（30）+（31）+（32）	

4

CHAPTER 4

预测企业未来的增长

利用前一章的内容，我们能够系统地将企业公开发布的财务报表转化为投资信息，并将其用于评估构建基本面量化投资模型中所需要的各种现金流和与现金流相关的各种比率，以及构建其他估值部件。本章将主要集中与讨论如何定量地预测企业未来的增长。

公司的增长通常是指随着时间变化公司规模不断变大。衡量规模的变量有很多，比如总资产、员工人数、营业收入、各种形式的利润以及股东权益等，权益投资者最关心的规模变量通常有营业利润、净利润、扣非净利润、扣非后归母净利润、权益价值增加值等。

企业未来的增长对于公司的价值具有无与伦比的重要性，未来增长的价值通常能够占到企业价值的四分之三左右，甚至更多。评估企业未来的增长通常又是投资分析中最困难的一个环节。企业实现增长通常有三种基本途径：

❖ 外延式增长，即通过收购其他公司或其他公司的某些业务等方式来获得增长。

❖ 内涵式增长，即通过提升自身原有业务的营业收入、毛利率或者降低成本费用率等方式来获得增长。

❖ 将前面两种方式结合起来实现增长。

不论是以什么变量来衡量公司的规模，还是公司以什么样的方式来实现增长，我们都可以将增长归咎于宏观、行业、企业和个人四个层面各种因素的影响，因此，我们从这四个层面来考察如何定量地预测企业未来的增长。

本章安排如下：4.1，主要讨论宏观层面的因素，主要包含经济周期与企业增长之间的关系以及如何度量政策。4.2，主要讨论行业层面的因素，重点关注如何划分行业生命周期和评估行业的竞争程度。4.3，主要讨论企业层面的因素，包含公司的规模与年龄、公司战略、财务资源和公司治理。4.4，主要讨论个人层面的因素，重点关注如何度量企业家精神和其他高管特征。4.5，介绍如何利用这些因素构建量化模型来预测企业未来增长。

4.1 宏观层面的因素

几乎每一家公司所处的宏观环境都可以由七个维度的因素所概括，即政治与法律、经济、社会文化、技术、自然环境、人口以及全球化。对于基本面量化投资研究来说，重要的是如何准确测度这些因素并厘清这些因素对企业经营活动的影响。宏观层面的因素通常有很多比较成熟的度量方式，比如宏观经济常用的度量指标包括通货膨胀率、利率、贸易赤字或者顺差、预算赤字或者盈余、失业水平、储蓄率、GDP 及其增长率等。人口因素常见的度量指标有人口数量、年龄结构、地理分布、种族构成、收入分布等。一些不好度量的因素可以设置虚拟变量或者一些其他代理变量。比如，在研究跨国资产配置时可以对具有相同宏观特征的国家或市场赋予等值的虚拟变量。本节主要讨论两个宏观层面的因素，即经济周期和产业政策。

4.1.1 经济周期

研究者们最关注的与经济周期相关的一个话题是，不同行业的企业增长率与经济周期之间的关系，即周期性行业与非周期性行业的划分。周期性行业与非周期性行业的定义及主要特征如下：

❖ 周期性行业，行业中企业的收入和利润等指标与宏观经济波动相关性较强，在不同的经济周期阶段利润波动幅度较大，行业中的产品和服务通常表现为弹性需求。

❖ 非周期性行业，行业中企业的收入与利润等指标与宏观经济波动相关性较弱，在不同的经济周期阶段利润相对平稳，行业中的产品和服务通常表现为粘性需求。

在一国经济中哪些行业属于周期性行业，哪些属于非周期性行业，学术界与实务界并没有形成一个完全统一的认识。一些早期的研究发现，食品、饮料、烟草、公用事业等提供生活必需品的行业抵御经济衰退的能力较强，而涉及耐用品制造业的非电子设备、电子设备、交通设备等行业在经济衰退的冲击下会受到强烈影响。Jin（2005）基于 Datastream/FTSE 的行业分类标准和Fama-French 的 12 个行业定义，将非耐用消费品、公用事业类、医疗卫生、金融、保险行业归为非周期性行业，而把除此以外的其他行业归为周期性行业。孙晓涛（2012）通过对中国工业行业的波动特征进行检验，认为石化、钢铁、煤炭、装备制造业、汽车工业、珠宝业等都有很强的周期性，而水的供应业、地热资源开采业的周期性很弱。我国上海证券交易所和中证指数有限公司发布的上证周期行业 50 指数和非周期行业 100 指数、沪深 300 周期行业和非周期行业指数，将金融保险、采掘业、交通运输仓储业、金属非金属、房地产等行业归为周期性行业，而将其他行业归为非周期性行业。

出于三个方面的原因考虑，对于量化投资研究来说，直接采用前面几种周期性行业的划分方式有比较大的风险。①这些划分结果都比较粗糙，每个行业涵盖的企业数量太多。②这些划分都是基于较早期的数据，如果开发新的量化模型，这些结果可能是误导性的。③这些划分采用的行业分类方式可能与我们建模所采用的行业分类方式不一致。因此，量化投资研究者有必要掌握周期性行业划分的方法。

目前来看，有两种划分周期性和非周期性行业的方法在国内得到了比较广泛的认可。

❖ *Hornstein（2000）的方法。通过计算分行业变量（总产出、经济增加值、资本、劳动雇佣、中间投入等）时间序列与这些变量跨行业加总值时间序列之间的相关性，来划分周期性行业与非周期性行*

业。这种方式下，可以通过计算分行业变量与加总变量当期、滞后一期或提前一期之间的相关性，来更加深入地研究行业波动与经济周期波动之间的关系。

❖ 孙晓涛（2012）的方法。他认为判断某个行业是否为周期性行业，就是判断该行业的周期是否与宏观经济的周期存在共同的波动。一个平稳的时间序列存在序列相关是指当期变量与自身滞后期变量存在相关关系，这种序列相关就反映了此时间序列的波动特征，也就是反映了它的周期。白噪声过程是不存在序列相关的时间序列，所以它不存在周期。因此，当判断行业周期是否与宏观经济周期存在共同波动时，就可以研究它们两者的线性组合与白噪声之间的关系。

4.1.2 政策量化

宏观层面因素研究的一个难点是对政策的分析。学界对于政策的定量研究，大多是针对政策实施结果的研究。然而对于量化投资研究来说，这存在两个方面的问题：①从研究目标上来看，量化投资更加关注对政策效应的事前预期，而不是评估政策执行的事后结果；②从技术处理上来看，利用政策结果作为政策本身的替代变量，容易产生难以克服的内生性问题。

对于量化投资研究来说，最好是直接量化政策。目前学界已经有一些研究讨论如何规范地量化政策，其中符合中国情景且认可度较高的是彭纪生等（2008）政策量化标准操作手册（见表4-1）。他们的研究以创新政策为案例，从政策力度、政策目标与政策措施三个维度将政策本身细化和量化。其中政策力度利用政策发布机构以及形式来衡量；政策目标涵盖知识产权保护、外资引进、技术引进、消化吸收、创新和科技成果转化六个方面；政策措施细分为行政措施、金融外汇措施、财政税收措施、其他经济措施、人事措施五个方面。

表 4-1　政策量化标准操作手册

指标		评判详细标准	指标得分
政策力度		全国人民代表大会及其常务委员会颁布的法律	5
		国务院颁布的条例、各个部委的部令	4
		国务院颁布的暂行条例、各个部委的条例、规定	3
		各个部委的意见、办法、暂行规定	2
		通知	1
政策目标	知识产权保护	明确保护知识产权是重要的技术创新政策，是提高技术创新的重要推动力量，从立法、宣传、执行等方面进行全方位的有力指导	5
		从立法方面明确保护知识产权，详细规定各个领域的知识产权保护	4
		在各个部门或者领域加强知识产权保护，并且有具体措施	3
		明确提出保护知识产权，但未提出具体措施	2
		仅仅涉及知识产权保护	1
	外资引进	国家非常鼓励外商投资；给予特别优惠；简化行政程序，提高办事效率	5
		国家鼓励外商投资；给予较高的优惠；简化行政程序，提高办事效率	4
		国家允许外商投资；给予税收、外汇或者金融方面的优惠；简化行政程序	3
		国家允许外商投资；没有优惠措施；在行政许可方面把关严格	2
		国家限制外商投资	1
	技术引进	对技术引进进行全方位且强有力的支持；给予特别优惠；简化行政程序；提高效率	5
		对技术引进进行大力的支持；给予较高的优惠；简化行政程序；提高效率	4
		支持技术引进；给予某些方面的优惠；简化行政程序	3
		支持特定的技术引进；给予一定的优惠；行政审批比较严格	2
		限制低水平或重复引进；没有优惠政策；行政审批严格	1
	消化吸收	特别强调消化吸收；编制专门的消化吸收计划；设立专门的基金用于消化吸收工作	5
		强调消化吸收；组织专门的消化吸收活动；奖励消化吸收活动	4
		重视消化吸收；建章立制规范技术消化吸收活动；奖励消化吸收活动	3
		涉及消化吸收，并进行一定的宏观指导	2
		仅仅谈及消化吸收	1
	创新	自主创新；原始性创新；建立国家技术创新体系；从各个方面大力支持技术创新	5

续表

指标		评判详细标准	指标得分
政策目标	创新	提高技术创新能力的"二次创业";加大财政税收优惠、经济投入的力度;编制国家技术创新计划	4
		国产化和本土化;下放技术改造的审批权限;加大技术创新的经济投入;编制专门的技术创新计划或者年度技术创新计划	3
		合理化建议与技术改造;在经济投入或税收上给予优惠	2
		仅仅提及技术创新	1
	科技成果转化	从立法角度强调科技成果的转化	5
		强调技术成果的商品化、产业化、科技产业国际化;从各个方面促进科技成果转化	4
		强调科技成果转化;建立良好的科技成果转化基础环境;从某些方面促进科技成果转化	3
		加强技术转让与应用推广	2
		仅仅涉及科技成果转化	1
政策措施	行政措施	建立产品目录,对企业的技术创新产品直接采购和采取保护	5
		下放审批权限,扩大权限审批范围;建立完善的服务与引导体系;简化行政程序,采取优先处理原则	4
		下放审批权限,放宽审批范围管理;建立完善的服务引导体系,简化行政程序;放松包含审批、配额、许可证制度等监管制度的力度	3
		保留审批权限,采取特殊例外处理的方法;保证审批、配额、许可证制度等监管制度的执行力度;明确政府的态度是不反对或者限制	2
		采取严格的政府控制	1
	金融外汇措施	从上述所有方面给予大力支持,并且态度明确、规定详细;力度上最强,范围上最广,顺序上优先	5
		从上述的绝大多数方面给予大力支持,并且规定比较详细;力度上比较强,范围上比较广	4
		从上述的几个方面给予支持,态度上表明积极利用金融外汇措施,或者力度上加大,或者顺序上优先	3
		从上述的1~2个方面给予支持,态度上表明积极利用金融外汇措施	2
		没有给出详细的规定或者明确的措施	1
	财政税收措施	在贴息上给予很大的支持;规定一个很低的所得税税率(不高于10%),或按现行税率减半缴纳企业所得税,并且在若干年内免税	5
		在贴息上给予较大的支持;规定一个较低的所得税税率(不高于15%),并且在若干年内减半收税或者免1~2种税	4
		在贴息上给予优先;规定一个较低的所得税税率(不高于15%),但只对其具备特定条件和特定区域的企业实施,并且在应纳税额上优惠,能够免1~2种税	3

续表

指标		评判详细标准	指标得分
政策措施	财政税收措施	明确以贴息作为主要措施，但未说明其力度和顺序；规定一个较高的所得税税率（24%）	2
		仅仅将贴息作为支持措施之一；规定一个相当高的所得税税率（33%及以上）；或者没有任何具体措施	1
	其他经济措施	给予支持的力度最大，从很多方面给予支持；技术作价的条件范围最宽，在折旧方法、折旧年限、残值率，以及返还比例上给予最高、最宽松的限定	5
		给予支持的力度较大，从财务处理上给予较大支持；技术作价的条件较宽，在折旧方法、折旧年限、残值率，以及返还比例上给予较高、较宽松的限定	4
		给予支持的力度较大，从财务处理上给予较大支持；如相关费用计入管理费用；技术作价明确了范围并做出了一个严格的比例，能够从折旧方法、折旧年限、残值率，以及返还比例中从1~2个方面给予宽松的限定	3
		给予一定的经济投入支持，没有详细规定作价的比例；折旧方法、折旧年限、残值率，以及返还比例方面的规定较为严格	2
		仅仅谈及经济支持，但没有具体规定；技术作价的规定十分严格；折旧方法、折旧年限、残值率以及返还比例方面的规定十分严格	1
	人事措施	充分尊重人才和知识，予以物质与精神的奖励；最大限度地鼓励人才流动；自由选取按岗定酬、按任务定酬、按业绩定酬或者股权分红等多种分配制度；完善的社会福利与保障制度	5
		对人才的技术创新、科技转化等活动建章立制，予以规范和保障；鼓励人员流动；较好的社会福利与保障制度	4
		对科技成果转化有重要贡献的人员，提取奖金和报酬作为奖励；记入本人档案，作为考核、晋升、提级、评定职称的重要依据之一；相对完善的社会福利与保障制度	3
		简化国内外技术、商务人员出入境手续；鼓励人员流动	2
		没有鼓励人员的具体规定，仅仅是对企业或者科研机构的人员进行规定	1

注：其中所得税税率是 2008 年之前的标准，随着相关政策的变化，研究者可以结合当前财税政策进行合理的重新设定。

资料来源：彭纪生等（2008）。

我们可以参照彭纪生等（2008）的政策量化标准操作手册开发所需的各种政策量表，比如不同行业的产业政策量表，对量化投资模型中涉及的政策进行量化。根据量表得到每项政策的政策力度、措施与目标的评分之后，就可以计算各年度相关政策的年度数值。通常情况下，政策并非单独对目标企业或者行业发生影响，政策之间还可能相互交叉作用从而产生协同效应。政策的协同效应包含三个维度，即联合颁布政策力度、政策目标协同以及政策措施协同。相关政策年度数值、联合颁布政策力度、政策目标协同以及政策措施协同可以分别通过以下公式进行计算：

政策年度数值： $TPG_t = \sum_{i=1}^{N} PG_i \times P_i$ （4.1）

联合颁布政策力度： $PBCY_t = \sum_{i=1}^{N} B_i \times P_i$ （4.2）

政策目标协同： $DS_t = \sum_{i=1}^{N} PD_{ik} \times PD_{il} \times P_i, k \neq l$ （4.3）

政策措施协同： $MS_t = \sum_{i=1}^{N} M_{ik} \times M_{il} \times P_i, k \neq l$ （4.4）

其中，t 表示年份，i 表示第 t 年颁布的第 i 项政策。TPG_t 表示第 t 年相关政策的年度数值，衡量了政策的整体力度以及各项政策目标、政策措施的整体情况；N 表示第 t 年颁布的政策数量；PG_i 表示第 i 项政策的各项政策目标、政策措施的得分，P_i 表示第 i 项政策的政策力度得分。$PBCY_t$ 表示第 t 年联合颁布政策的力度，B_i 表示第 i 项联合颁布政策涉及的机构数。DS_t 表示第 t 年颁布的相关政策目标协同情况；PD_{ik} 和 PD_{il} 分别表示第 t 年颁布的第 i 项政策对第 k 项和第 l 项政策目标的值。MS_t 表示第 t 年颁布的相关政策措施协同情况，M_{ik} 和 M_{il} 分别表示第 t 年颁布的第 i 项政策对第 k 项和第 l 项政策措施的值。

4.2 行业层面的因素

行业层面的很多差异也可能导致公司的增长预期不同。在其他条件不变的情况下，成熟行业中的公司可能具有较低的平均增长率，因为相对新兴行业来说，成熟行业中的机会更少。由于技术进步和新产品的出现，高科技行业的企业可能具有高增长率。不同行业的创新制度也有很大不同，这将会影响企业的增长模式。此外，我们还可以合理地预期公司的增长与特定部门的竞争程度存在某种联系。下面主要讨论行业生命周期和行业竞争程度两类因素。

4.2.1 行业生命周期

行业从发展、成熟到衰退等过程时常表现出行业产量、企业数量等发生变化，在不同发展阶段行业体现出的内部特征是存在差异的。

国外的文献主要采用企业进入或退出的数量来衡量行业的不同发展阶段，而国内的文献主要基于行业产量变化来衡量行业的不同发展阶段。这可能有两个方面的原因：①我国企业种类复杂，兼并重组的很多，且由于债务软约束和破产法并未得到有效实施，真正破产倒闭的企业难以得到有效的衡量。②数据统计不规范，我国的数据规范还处于初级阶段，还不能准确提供相关数据。这些原因导致国内学者只能寻找其他方法来测度行业的生命周期。

关于如何划分中国上市公司行业生命周期，范从来和袁静（2002）以及赵蒲和孙爱英（2005）的方法被广泛地认同。这种方法通过比较行业在两个相邻时期的增长率与相应时期所有产业部门的增长率来确定行业所处的生命周期阶段。具体如下：

❖ 如果该行业的增长率在两个时期都高于所有行业的平均增长率，则为成长行业。

❖ 如果前一时期大体接近于平均增长率，而在后一时期大大高于平均增长率，则为发展行业。

❖ 如果在前一时期高于平均增长率，而在后一时期增长率逐渐低于平均增长率，则为成熟行业。

❖ 如果两个相邻时期的增长率都低于平均增长率，则为衰退行业。

原则上来说，这两个相邻时期的长短都应该在 20 年左右，但我们通常没有那么长时间的观测值，因此，一个权衡的做法是，直接将我们的观测期从中间平均地划分为两个长短相同的时期，然后采用他们的方法来进行判别。

划分行业生命周期另一种被广为认可的方法由 Maksimovic 和 Phillips（2008）提出。这种划分方法在国内也具有较高的可行性，并被邢斐等（2022）认同。他们通过行业的销售额增长率和企业数量增长率两个指标将行业划分为四个行业生命周期。具体方法为：

❖ 如果该行业销售额增长率和企业数量增长率均高于所有行业的中位数水平，则为成长型行业。

❖ 如果行业销售额增长率高于所有行业的中位数水平，但企业数量增长率低于中位数水平，则为整合型行业。

❖ 如果行业销售额增长率低于中位数水平，但企业数量增长率高于中位数水平，则为变革型行业。

❖ 如果行业销售额增长率和企业数量增长率均低于中位数水平，则为衰退型行业。

4.2.2　行业竞争程度

行业竞争程度也是影响企业成长的重要因素。行业竞争越激烈，行业环境越不利于企业成长。竞争程度有时也是行业生命周期的外在体现，一般来说，行业在初创期和成长期阶段竞争程度较低，而进入成熟期和衰退期后行业的竞争变得非常激烈。我们可以从两个视角来看待竞争对企业经营活动的影响，即行业的竞争程度以及企业自身在行业中的竞争地位。

4.2.2.1 行业竞争程度

关于某一行业的竞争程度，根据以往的文献主要有三种度量方式，即基于行业内企业数量、行业集中度以及行业利润来度量。

（1）**基于行业内企业数量的度量**。根据 Porter（1980）的研究，行业内企业数量是影响行业竞争程度的一个首要因素，行业内的企业数量越多，竞争程度通常就越高。处于同一行业内的企业，不仅会在产品利润上进行竞争，也会在获取外部融资等方面形成竞争关系，企业的数量多寡实际上也会反映企业对有限的外部融资的竞争程度。因此，可以采用年度行业内企业数量的倒数作为行业竞争程度的一个代理变量。但这种度量方式有一个显著的弊端。

（2）**基于行业集中度的度量**。行业集中度通常也被用于度量行业层面的竞争程度，一般用赫芬达尔－赫希曼指数（简称 HHI 指数）加以表示，其计算公式如下：

$$HHI = \sum\nolimits_{i=1}^{n}\left(X_i/X\right)^2 = \sum\nolimits_{i=1}^{n}S_i^2 \qquad (4.5)$$

其中，X 表示行业市场的总规模，X_i 表示行业中第 i 个企业的规模，S_i 表示行业中第 i 个企业的市场占有率，n 表示行业内的企业数量。

HHI 指数的值越大，表明行业集中度越高，市场竞争越小；反之，则表明行业集中度越小，市场竞争越激烈。但也有产业组织理论文献对这种传统的 HHI 指数的适用性提出了质疑，认为在特定的产业结构下，传统的 HHI 指数可能难以准确区分行业的竞争程度。另一个看起来更加可行的替代变量是，行业中销售额最大的一家或者几家企业的销售额占全行业销售额的比例。

（3）**基于行业利润的度量**。Nickell（1996）提出，主营业务利润率在某种程度上可视为企业的"垄断租金"。垄断租金越高，意味着产品市场的垄断性越高；反之，则竞争性越高。基于利润的度量通常有两种方法，即勒纳指数和主营业务利润率标准差。

勒纳指数。勒纳指数是最经典的基于行业利润来度量行业竞争程度的一种方式。在产业组织理论文献中，勒纳指数通常采用价格与成本边际之差再除以价格来衡量。但在实际进行测度的时候，基于数据可得性，可以采用下列三种具体的度量方式：

$$LI = 折旧摊销与息税前利润 \div 销售额 \tag{4.6}$$

$$LI = (主营业务收入 - 主营业务成本) \div 主营业务收入 \tag{4.7}$$

$$LI = (营业收入 - 营业成本 - 销售费用 - 管理费用) \div 营业收入 \tag{4.8}$$

其中，LI表示勒纳指数。

如果一个行业的勒纳指数中位数越高，则表示行业竞争程度越小；反之，行业的竞争程度越大。

主营业务利润率标准差。另一种基于利润的衡量方法是，采用以行业主营业务利润率的标准差来衡量行业竞争程度。标准差越大，表示行业内企业差别越大，竞争程度越小；反之，行业内企业相似程度越高，竞争程度越大。这种度量方式也得到了国内很多研究者的认同（朱武祥和郭洋，2003；陈志斌和王诗雨，2015）。

4.2.2.2 企业在行业中的竞争地位

以往大多数经济学和管理学文献都倾向基于勒纳指数来衡量企业在行业中的竞争地位。研究者认为，勒纳指数越大，表明企业在行业中的定价能力越强，企业竞争地位越高。由于单纯的勒纳指数并没有考虑行业间的差异，不便于对不同行业的公司进行比较。通常有两种办法可以对勒纳指数进行进一步的调整。

（1）分位数排序法。将行业内企业按照当年的勒纳指数由小到大排序，按该排序将行业内的企业等分为若干组并分别赋值，得到一系列刻画企业行业竞争地位的哑变量。比如，将每个行业的企业按照勒纳指数排名等分为10组，分别赋值为1到10，构成勒纳指数排名，排名越高，代表企业竞争地位越高。

（2）Gaspar 和 Massa（2006）法。 用单个上市公司的勒纳指数减去同行业上市公司以销售额加权的勒纳指数的平均值，得到最终衡量该公司行业竞争地位的指标，具体计算公式如下：

$$ICS_{i,j,t} = LI_{i,j,t} - \sum_{i=1}^{n} w_{i,j,t} LI_{i,j,t} \tag{4.9}$$

其中，$ICS_{i,j,t}$ 表示第 t 年归属于 j 行业的特定企业 i 的行业竞争地位，$LI_{i,j,t}$ 表示第 t 年归属于 j 行业的特定企业 i 的勒纳指数，$w_{i,j,t}$ 则表示第 t 年归属于 j 行业的特定企业 i 的营业收入占所属行业营业总收入的百分比。

通过这种方式，就能构建一个衡量企业行业竞争力的连续变量。这种方法被一些国内会计学领域的学者认同（如周夏飞和周强龙，2014）。

4.3 企业层面的因素

在公司层面，企业的成长性取决于其通过组织结构、惯例或者实践获得特定资源（如劳动力、资本和知识等），并将它们转化为可供销售的产品或服务的有效性和能力的程度。相对于宏观层面和行业层面的因素，企业层面的因素对企业成长具有更为直接的影响。学界和业界已经进行了各种实证研究来探索这一维度的成长决定因素。

4.3.1 规模与年龄

在经济学文献中，公司的年龄和规模是研究者们在考察企业成长时最早关注的属性。关于企业规模与企业成长之间关系的讨论起源于 Gibrat 定律。该定律指出，企业的增长率与其初始规模无关，仅仅受到一系列随机的增长冲击所影响，最终一个行业中企业的规模呈现一种后尾的随机分布状态。

在实证经济学文献中已经发现了企业规模与增长率之间关系的一些典型事实：

❖ 相对于大型的公司来说，小公司增长通常更快，因为它们必须达到最小有效规模才能赚取利润。

❖ 在很多国家，比如日本、英国、美国、巴西以及中国，对于制造业企业而言，企业规模与企业增长之间通常呈现显著的负相关关系，这种负相关关系在其他一些行业也有不同程度的显现。

❖ Gibrat 定律更加适用于超过特定规模阈值的公司，当公司规模超过一定限度时，公司规模与增长率之间的负相关关系更加明显。

规模与增长之间的关系在实证工作中受到了极大的关注。与此相关的，公司年龄与其增长率之间的关系也经常被研究。公司年龄和规模大小密切相关，实际上，在某些情况下，它们都被用来表示本质上相同的现象。早在 20 世纪 70 年代，经济学家 Fizaine 通过对法国罗讷河谷地区企业增长的观测发现，公司年龄与企业增长率之间存在显著的负向关系，而且增长率的方差随着年龄的增长而下降。她还认为，正确的因果关系是从年龄而不是企业规模到公司增长。这种观点得到后续很多实证研究的支持，一些经济学家通过对美国制造业和服务业、欧洲的大型公司、日本的制造业以及韩国的服务业等多个国家不同行业的考察，都得出了相似的结论。

总体而言，增长率与公司年龄之间的线性负相关性似乎是产业动态的一个重要特征。然而，另外一些研究认为，二者之间可能存在一定非线性关系。Das（1995）研究了印度的计算机硬件行业中公司的增长，得出了一些非同寻常的结果，即一些年龄较大的公司比一些年轻的公司增长速度更快，而一些非常年轻的公司则经历了最快的增长速度。Barron 等人（1994）在美国纽约信用社行业也观测到了同样的现象。因此，在一些特定的行业，公司年龄与增长速度之间可能存在这一种 U 形的关系。

4.3.2 公司战略

战略对公司发展具有重要影响，管理者根据公司战略制定并执行一系列复杂的计划，从而应对外部环境中的机遇和威胁以及自身组织内部的优势和劣势。目前对战略类型有很多种划分方法，比如 Miles 等（1978）提出防御型、进攻型和分析型战略；Porter（1980）提出的成本领先、差异化和集中型战略；Miller 和 Friesen（1982）提出的保守型战略和创业型战略。对战略的度量通常有两种方式，一种是通过档案数据进行打分；另一种则是通过访谈或者调查数据。我们先介绍一种经典的总体性战略的度量方法，再介绍两类具体战略的衡量方法。

4.3.2.1 战略激进程度

Bentley 等（2013）通过文档数据打分的方式构建了一个离散指标来度量企业的战略，他们的度量方式得到了孙健等（2016）、孟庆斌等（2018）的认同。他们构建了一个量表（表 4–2），量表从开发新产品的投入、生产产品和提供服务的效率等 6 个维度来度量战略的激进程度。具体做法如下：

❖ 将 6 个维度的变量取过去若干年的平均值。

❖ 对于表中前 5 个变量在每一年度—行业样本中从大到小平均分为 5 组，最小的组赋值为 0 分，次小的组赋值为 1 分，以此类推，最大的组赋值为 4 分；对于第 6 个变量赋分的方式则与前面五个变量相反。

❖ 对每个"公司—年"样本将 6 个变量的分组得分相加，得到 0~24 分的度量变量。分值较高意味着公司战略较为激进；反之，则意味着公司战略较为保守。

表 4-2　进攻—保守型战略度量

战略维度	度量指标	描述
开发新产品的投入	研发支出占销售收入比重	进攻型企业通常有更多的创新行为，具有更多研发支出
生产产品、提供服务的效率	员工人数与销售收入比值	相对防御型企业，进攻型企业对该效率要求更低
成长能力	销售收入的历史增长率	进攻型企业通常具有更强的成长能力
产品推广力度	销售费用占营业收入比重	为了扩张产品市场，进攻型企业销售费用通常更多
组织稳定性	员工人数波动标准差	进攻型企业组织稳定性通常更差，员工任期更短
经营效率与自动化程度	固定资产占总资产比重	进攻型公司通常具有较高的人力资本密度，而防御型公司通常具有较高的资本密度

4.3.2.2　战略的市场导向

企业的成长在很大程度上依赖于其向客户销售产品或服务的成功程度，因此，市场导向常常被认为是公司成长的一个重要影响因素。市场导向的公司能够跟踪和响应客户的需求和偏好。它们更有可能开发市场情报、协调内部流程，以便快速有效地响应客户和外部利益相关者的需求，提升他们的满意度，进而促进公司的发展。有多种定义市场导向的方法。Kohli 和 Jaworski（1990）的 MARKOK 量表从信息处理角度确定了三组活动，即收集信息、传播信息以及描述市场导向的信息反应。Narver 和 Slater（1990）在一个专注于组织文化的框架中从客户导向、竞争者导向和跨职能协调等维度上定义了市场导向。然而，不管如何定义市场导向这个术语，实证研究确实表明市场导向与公司整体绩效之间显著相关（Jaworski & Kohli，1993；杨智等，2010；李雪灵等，2010）。

关于如何测度公司市场导向的战略，Narver 和 Slater（2004）

提出了一个由8个条目构成的积极型市场导向的测度量表（表4-3），该量表在学界被广泛认可和采纳。如果研究者希望衡量公司的市场导向程度，可以直接采用该量表，并采用Likert 7打分法进行打分。

表4-3 积极型市场导向战略量表

测量维度	测量条目
积极型市场导向	帮助顾客意识到市场发展趋势
	不断发现顾客还未意识到的市场需求
	开发新产品或者新服务，努力满足顾客尚不能清晰表达的需求
	通过管理团队讨论提出产品或服务的改进方案
	即使有风险也一直坚持创新
	在顾客表达需求有困难的领域寻找市场机会
	紧密地与领先型顾客合作
	能够推断顾客的未来需求

4.3.2.3 战略的创业导向

创业导向常常被定义为公司层面的先动性、创新性以及风险承担性。管理学家普遍认为，以创业为导向的公司将通过向市场推出新产品或新服务来保持竞争优势，并可能显著改善财务业绩。来自不同国家的实证研究验证了这种观点。Wiklund和Shepherd（2005）研究了美国808家知识密集型、劳动力密集型、专业服务和零售公司发现，创业导向对增长和财务绩效都有显著的促进作用。Covin等（2006）通过考察美国宾夕法尼亚、俄亥俄以及西弗吉尼亚三个州110家制造企业，验证了创业导向对销售增长率的积极影响。李雪灵等（2010）调查了中国吉林省、辽宁省、北京市、广东省、江苏省、河北省等十几个省市281家企业，发现创业导向是中国企业形成竞争优势的一种有效战略，如果能够借助有效的市场行为来实施创业导向战略，新企业能够识别更多的市场机会并最终促进利润目标的实现。

关于如何度量企业的创业导向战略，Covin 和 Slevin（1989）提出了一个经典的测量创业导向量表（表4-4）。该量表从创新性、风险承担性和先动性 3 个维度来衡量企业战略的创业导向。每个维度有 3 个问题，一共 9 个问题。可以采用 Likert 7 打分法对目标公司进行测度，得分越高，说明企业创业导向的水平越高。该量表在中国情境下的适用性已得到部分中国学者的验证（胡望斌等，2009）。

表 4-4　创业导向战略量表

构念	维度	测量条目
创业导向	创新性	在过去三年中，企业开发了很多新产品或服务
		在过去三年中，企业对当前产品或服务进行了大幅度变更
		企业高度重视研发活动，追求技术或服务领先与创新
	风险承担性	企业管理团队更加偏好可能获得高回报的高风险项目
		面对不确定性时，企业倾向于积极采取行动来抓住机会，而不是守旧
		未来实现经营目标，企业更加倾向于采取大胆而迅速的行动
	先动性	企业会首先发起竞争行动，然后竞争者被迫做出响应
		企业在业内常常率先引入新产品、新服务、新管理技巧和新生产技术等
		总体上，企业管理团队特别强调先于竞争者引入新产品或新创意

资料来源：Covin 和 Slevin（1989）。

4.3.2.4　战略执行力

良好的战略是公司成功的一个重要前提，但若没有有效的企业战略执行力，战略目标只能是可望而不可即的空中楼阁。在基本面分析中，我们可以运用基于平衡计分卡的战略地图来评估企业的战略执行情况，但在量化投资中基于平衡计分卡的战略地图很难被批量化地实施和推广。

关于战略执行力的系统研究始于 Bossidy 等（2011），他们认为战略执行力包含三个核心流程，即战略流程、人员流程和运营流程。之后有学者开始逐步研究如何测量战略的执行力。比如，衡量企业战略执行力具有普适性的观点，被比较广泛认可的是徐万里等（2008）开发的中国企业战略执行力维度结构量表。他们将企业战略执行力划分为战略维度、企业制度和企业文化三个维度，经过反复精炼题项和量表提纯后共确定战略制定、战略监控、战略分解、人力保障制度等 10 个重要的影响战略执行力的影响因素和 33 个题项（见表 4–5）。他们的量表采用 Likert–5 打分法进行打分。

表 4–5 企业战略执行力维度结构量表

战略执行力维度	战略执行力的影响因素	题项
战略维度	战略制定	外部环境分析
		内部情况分析
		科学制定战略
	战略监控	根据变化很快调整战略
		战略执行有阶段性评估
		战略执行有监督检查措施
	战略分解	战略分解到各级部门
		战略按时间进行分解
		战略计划是详细的
企业制度	人力保障制度	有足够的人选执行战略
		清楚内部人力资源现状
		清楚下阶段所需人力资源
		重要岗位有合适接位人选
	人才使用制度	人才选择制度
		人才培养制度
		明确的岗位说明书
	考核激励制度	对表现好的员工有奖励
		对工作失职的员工有处罚
		有人检查岗位工作
		部门考核会影响个人考评
	组织协作制度	部门运作与战略目标相关
		各部门间能有效沟通
		各级部门责任清晰
		明确的业务流程制度

战略执行力维度	战略执行力的影响因素	题项
企业文化	理念文化	有典型的核心文化故事
		有典型的核心文化人物
		有明确经营理念
	公正文化	制度运作透明
		听取员工意见
		不推诿责任
	激情文化	强烈的团队精神
		强烈的工作热情
		经常相互鼓励

资料来源：徐万里等（2008）。

4.3.3　财务资源

4.3.3.1　财务资源的度量

企业以低成本获取财务资源的能力，在会计学领域通常被称为财务柔性。企业获取财务资源的途径主要有两种：①依靠内源资金，包括现金存量、经营现金流量，在不影响持续经营情况下处置企业资产以及对支付政策的合理安排。②获取外源资金，包括企业能筹集的权益资金、负债资金（包括银行借款、发行商业票据和企业债券等）。与财务资源获取途径相对应，有三种财务柔性，即现金柔性、负债融资柔性和权益融资柔性。由于中国证监会对上市公司权益再融资的严格限制，权益融资柔性对上市公司的影响很小，因此，国内研究主要考虑前两种财务柔性。

通常有三种度量财务柔性的方法：

❖ *单指标度量法，根据企业单一财务指标判断企业财务柔性的强弱。*

❖ **多指标度量法**，同时结合多项财务指标判断企业财务柔性。

❖ **多指标综合法**，同时考虑反映企业财务柔性状况的多项财务指标，分别对不同指标赋予不同权重计算出一个综合评分。

在国内运用较为广泛、认可度较高的是以现金柔性和负债柔性为代表的单指标法，以及将二者相加形成的多指标度量——财务柔性。它们的具体计算公式如下：

$$现金柔性 = 企业现金比率 - 行业平均现金比率 \tag{4.10}$$

$$负债融资柔性 = MAX(0, 行业平均负债比率 - 企业负债比率) \tag{4.11}$$

$$财务柔性 = 现金柔性 + 负债融资柔性 \tag{4.12}$$

其中，现金比率等于现金及现金等价物期末余额/资产总额，负债比率等于资产负债率。

在得到这些指标数值之后，既可以直接将其作为度量财务资源的变量（如王爱群和唐文萍，2017；宋蔚蔚和孙玉婷，2021），也可以将企业在行业内进行排序，然后将在一定分位数之上或之下的企业判定为某一类别（如曾爱民等，2013；Arslan et al.，2014）。

4.3.3.2 财务资源对企业成长的影响

基于资源的观点通常认为，财务资源是中小企业成长最重要的资源，获得金融资源可能对促进公司成长尤为重要（Wiklund et al.，2009）。因为金融资源可以相对容易地转换为其他类型的资源，有了充足的金融资源，企业就能够尝试探索新事物，这不仅增加了它们的创新潜力，而且使企业能够寻求新的增长机会。学界和业界普遍认为，信贷限制、缺乏外债和股权资本是中小企业发展的主要障碍。银行在向中小企业提供贷款时通常更为保守，由于信息不对称，中小企业更有可能被收取相对较高的利率，并要求高额抵押和贷款担保。大量实证研究表明，获得金融资源对小企业的增长有积极的影响（Cooper et al.，1994）。

由于过去产生的利润可以再投资于公司，因此，公司不仅可以使用外部资金，而且还可以使用内部资金来为投资提供资金。基于进化论中"适者成长"的原则，可以预期财务业绩与公司增长相对应。按照这个逻辑，只有财务业绩优异的公司才能成长。然而，关于这种现象的经验证据在所有规模的企业中仍然不明确。一些研究表明，财务绩效和增长之间存在显著的正相关关系（Bottazzi & Secchi，2005），但其他研究发现，财务业绩对企业成长只有中等程度的影响（Coad，2007），甚至可能有一些负面影响（Hardwick & Adams，2002）。这背后的主要缘由是，增长率存在大量无法解释的变化（Coad，2007）。

对于非中小企业，尤其是上市公司来说，具有充足的财务资源，比如公司账面上具有大量的现金或者负债率较低，这一方面意味着企业拥有足够多的资源来扩张现有项目或者投资新的项目，从而进一步促进企业业绩的增长；但另一方面也可能意味着企业缺乏新的增长机会，导致大量财务资源并无用武之地，或者说，企业正面临一些潜在的危机，需要储备一定的资金以备不时之需。另外，持有超额现金或者保持过低负债会导致管理层出现滥用现金引发委托代理问题，进而降低企业的成长性。在上市公司样本的研究中，对财务柔性对企业成长的作用具有一定争议，认为财务柔性对企业成长具有负作用或者二者之间呈倒 U 形关系。

总的来说，我们认为充裕的财务资源仅仅是企业成长的必要条件，而不是充分条件，并不必然意味着企业未来的成长。当企业具有成长机会时，财务资源可以快速地转变为其他所需要的资源，促进企业成长；但是当企业本身就缺乏成长机会时，即便有充裕的财务资源，企业也不一定能够扩张。中小企业常常具有较多的成长机会，因此，财务资源的获取往往能够促进企业成长；而对于本身规模较大、过去已经产生较多利润的企业来说，充裕的财务资源并不一定是企业成长的充分条件。

那么，对于量化投资研究者来说，如何通过企业现有的财务资源来判断企业未来成长趋势呢？我们的第一条建议是，考察企业当前的资本报酬率，如果当前资本报酬率较高，高于当前的资本成本，那么，充分的财务资源很可能意味着未来增长，因为企业至少可以将资金投入现有项目以获得更多的回报；如果当前资本报酬率较低，甚至低于当前的资本成本，那么，即便企业拥有充足的财务资源，也不一定意味着未来增长。当然，如果觉得计算企业当前的资本报酬率和资本成本比较麻烦，那么，可以运用我们的第二条更加简单的建议，考察企业当前的规模。由于小规模的企业通常拥有更多的成长机会，因此，充分的可获得的财务资源也往往意味着未来的增长。但是研究者必须谨记，企业当前规模并不一定与成长机会紧密相关。

4.3.4　公司治理

公司治理涉及领域很广，几乎涵盖了企业内部与人力资源所有相关的内容以及各个运营流程。我们主要从组织结构、组织学习和激励机制三个维度来讨论如何度量它们，以及它们与企业成长之间的关系。

4.3.4.1　组织结构

人力资源是企业最重要的投入之一，与劳动单位之间的任务分配和协调机制紧密相关的组织结构与企业的成长性紧密相关（Athey & Roberts，2001）。一些文献用综合性的术语（如有机式和机械式）来描述组织结构。有机式组织结构描述的是松散、灵活的具有高度适应性的组织形式，而机械式组织结构正好与之相反。尽管不同的研究者使用不同的维度来描述任务分配，但集中化、规范化和部门化等术语是学界和业界普遍认同的维度。集中化描述了决策权在整个组织中被下放的程度，被下放程度越低，集中化程度越低，扁平化程度越高；规范化（或者标准化）描述的是组织对规则、程序、权威关系和沟通机制等进行定义和执行的明确与严格程度；部门化通常通过参与组织活动的部门数量或管理级别的数量来衡量。

关于如何规范地度量组织结构的文献其实并不多见，比较经典的有 Zaltman 等（1973）、Miller 和 Dröge（1986）以及吴万益（1999）开发的量表，这三个量表的修改版分别被陈建勋等（2011）、齐旭高等（2013）以及张光磊等（2011）在国内场景应用。Miller 和 Dröge（1986）的量表刻画组织结构比较具体，能够测量组织结构的详细维度，也更加便于量化投资研究应用，因此，我们将齐旭高等（2013）修改后的版本整理在表 4-6 中。

表 4-6   组织结构测度量表

度量维度	测量条目
集权化	即使是很小的事项，员工也必须向自己的上级请示
	员工在自己的职责范围内采取行动也必须事先征得上级同意
	员工在工作中遇到特殊情况时，不能自行决定处理方式
规范化	公司的大部分事务都有正式的处理流程，且形成了书面规定
	公司有完善的规章制度
	公司上下都严格按规定的程序办事
扁平化	企业最高层领导和普通员工之间的管理层级较少
	员工意见传递到企业领导的速度很快
	产品市场信息能很快反馈到企业决策层
柔性化	公司能够打破部门界限进行协作，以快速应对市场变化
	公司能够快速整合应对市场所需资源
	公司提倡团队式协作，以增强应对变化的能力

资料来源：齐旭高等（2013）。

到目前为止，关于组织结构与企业经营绩效和成长性之间的关系还并不清晰。对于是否存在某些结构会显著地提升经营绩效和促进企业成长，在学界研究中还存在争议，但对于以下两点基本还是达成了共识：

❖ 去中心化、扁平的组织结构更加有利于创新，尤其是突破式创新。

❖ 不论是企业规模大小、是否采取集中化的组织结构，严格专业化分工的公司业绩，表现往往更加优秀。

4.3.4.2 组织学习

由于资源的限制，企业不得不慎重地分配和组合其资源以实现预期目标。公司这样做的能力被称为动态能力，即企业通过新资源组合以实现公司增长的战略程序（研发和新产品开发）和战略决策（例如进入新市场）。企业的动态能力常常可以通过组织学习和公司的可扩展性来实施，而从公司治理层面来说，后两者与学习型的组织文化紧密相关。组织文化是指，一个组织的价值观念体系、工作作风和实践特征、行事惯例等的总和，它可以潜移默化地塑造组织成员的行为方式和意识观念。如果一个组织的文化将学习视为经营业务成功的关键要素，且学习已经成为组织运行过程习惯性的、不可分割的一部分，我们将这种组织文化称为学习型组织文化。

学习型组织通常有五个典型的特征，即明晰的目标和愿景、领导承诺和授权、探索创新和激励、知识共享、团队工作解决问题。学界已经涌现出了很多比较成熟的度量学习型组织以及组织学习能力的量表，其中 Watkins 和 Marsick（1997）开发的"学习型组织多维度量表"（DLOQ）被广泛认可，很多国内研究者在他们研究的基础上修改量表，并成功运用于中国情景。表 4-7 分别展示了经 Yang（2003）和王晓晖（2007）改进过的更加适合中国企业的七维度 DLOQ 量表和李明斐等（2007）建立的四维度 DLOQ 量表。

表 4-7 四维度和七维度学习型组织文化量表

四维度量表测量条目	七维度量表测量条目
支持个体学习以达成共同愿景 建立沟通和创新机制 鼓励团队学习与合作 倡导系统思考与战略领导	创造持续不断的学习机会 促进探讨与交流 促进合作与团队学习 建立知识分享系统 形成员工集体信念和共同愿景 形成组织与环境的互动机制 为学习提供战略性的组织和领导

资料来源：Yang（2003）、王晓晖（2007）和李明斐等（2007）。

组织学习服务于与研发类似的知识创造目标。研发在公司内部引入或创造显性技术知识，而组织学习则将嵌入个人和特定群体的隐性知识外化为组织知识。知识是企业竞争优势的关键来源，对创新尤其重要。大多数文献都认为，组织学习能力和学习型组织有利于公司创新，并进一步提升经营绩效和促进企业的成长。

4.3.4.3 组织激励

有效的激励能够帮助公司提升经营效率、节约成本、促进创新，进而增加公司的增长机会。在管理经济领域，最受关注的莫过于股权激励与公司成长之间的关系。我国上市公司的股权激励计划始于 2005 年，目前国内企业常用的股权激励模式包含业绩股票、虚拟股票、股票增值权、限制性股票、股票期权以及员工持股计划等几类。一些量化研究人员已经将股权激励事件用于构建投资组合（见专栏 4-1）。

在已有研究中通常采用虚拟变量的方法来度量公司是否采用了股权激励，或者是否采用了某种类型的股权激励模式。但如果涉及更加精细的研究，比如股权激励强度对经营业绩的影响，就需要一些更加具体的度量方式。表 4-8 列示了常见的股权激励度量方法。

表 4-8　常见股权激励度量方法

变量	计量方法
是否实施股权激励	1表示实施，0表示未实施
是否实施某种类型的股权激励	1表示实施，0表示未实施
股权激励比例	激励股票总数/年末总股本
高管持股比例	高管股票与期权/年末总股本
高管薪酬结构	高管股票与期权占其总薪酬比率
员工股权激励结构	持股计划中，管理层或其他员工认购的股份占授予总股份的比例
业绩考核目标	某一行权期，（经行业中位数调整）的净利润率、净资产收益率等
行权有效期	股权激励计划规定的行权有效期
行权等待期	股权激励完全行权需要等待的最少时间
久期	以可行权数量为权重的加权平均行权等待期

国内大多数经验研究表明，不同类型的股权激励基本上都能够有效促进公司创新、改善公司的经营业绩和促进企业成长（范合君和初梓豪，2013；刘广生和马悦，2013；章雁和樊晓霞，2015；沈红波等，2018；戴璐和宋迪，2018；刘宝华和王雷，2018；田轩和孟清扬，2018；周冬华等，2019；孟庆斌等，2019）。我们将一些重要的或者已经被广泛认可的结论总结如下：

❖ 在激励强度方面，股权激励强度（高管持有股票及期权的比例）与公司业绩之间的关系并不是线性的，而是呈一种倒 U 形关系，在一定范围内股权激励能够提升公司业绩，但超过该范围后，股权激励对公司业绩具有负向的影响。

❖ 在业绩考核方面，如果股权激励涉及业绩目标，那么，通常只有当业绩目标比公司历史基准或者行业平均水平高时，股权激励才有助于提升激励实施后的内部控制有效性，并进一步促进公司业绩。

❖ 在激励方式方面，相对于限制性股票，股票期权在促进创新和提升业绩上效果更加显著；员工持股计划对创新产出的促进作用主要来自员工持股而非管理层持股，但当员工持股计划中持股人数过多时反倒不利于创新。

❖ 在激励对象方面，与国有企业相比，民营企业中实施员工持股计划在降低代理成本、提高投资效率和促进经营绩效等方面的改善效果更加显著。

专栏 4-1

A股市场股权激励事件特征及策略应用

2010 年至 2022 年第一季度，我国 A 股上市公司股权激励预案数量合计 3830 起，涉及 2368 家公司，其中大约 90% 的激励计划得以实施。A 股市场股权激励事件具有以下特征：

❖ 相对于成熟的大市值公司，上市初期的中小市值公司更加倾向于实施股权激励，在进行股权激励的 A 股上市公司中，53.9% 的公司选择在上市 3 年内进行首次股权激励，其中约 90% 的公司在预案公告日的市值低于 300 亿元。

❖ 机械、医药、电子、计算机、基础化工、电力设备及新能源行业进行股权激励的公司数量较多，钢铁、消费者综合服务、石油石化、非银行金融、煤炭和综合金融等行业实施股权激励的公司数量较少。

❖ 公司倾向于在股票价格相对较低时实施股权激励，在股权激励预案公告日 53.5% 的公司股价处于近三年 40% 分位数以下。

中证指数公司和万得数据商都编制了股权激励指数。中证股权激励指数（931057）是选取正在实施或即将实施股权激励计划的沪深 A 股作为样本空间，采用等权重加权方式，反映该类事件在二级市场的整体表现，其样本选择方法如下：①对样本空间内证券按照过去一年的日均成交金额由高到低排名，别除排名后 20% 的股票。②对样本空间剩余的股票，选取过去一年内披露股权激励预案的上市公司证券作为待选样本。③在上述待选样本中，别除股权激励股本占比低于 1% 的公司以及在发布预案公告后，发布股权激励项目终止、失败或暂停实施公告的公司。④将剩余股票按照"激励总数占当时总股本比例"由高到低排名，选取前50名股票作为指数样本。

万得股权激励概念指数（8841248.WI）是以已经发布或已实施股权激励方案的公司作为样本空间，选择其中有三家以上机构出具了预测评级报告且最新财报预告业绩增长大于50%的公司作为最终的入选标的。

杨俊文和王红兵（2022）在中证股权激励指数和万得股权激励指数的基础之上，构建了一个新的股权激励事件投资组合，其具体步骤如下：①以每期调仓时点为基准，选取过去1年内披露股权激励预案的股票作为样本空间；②剔除预案公告至调仓时点期间出现预案终止、激励总数占当时总股本比例小于1%、小于3家预测机构出具的盈利报告以及最新财报信息显示业绩增速为负的样本；③对样本空间剩余的股票，选取最新业绩增速靠前的50只股票，如果不足50只就全部纳入，组合内的个股等权。

他们以2020年1月1日至2021年12月31日作为回测期间，每期组合构建是剔除上市时间离预案公告不足6个月以及调仓日停牌或涨跌停的样本。图4-1展示了三个投资组合在回测期间的累计净值。

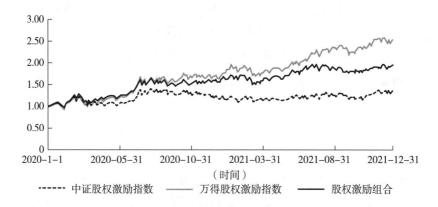

图4-1　2020年1月1日至2021年12月31日三个投资组合的累计净值

资料来源：赵乃乐：《股权激励事件特征及策略应用》，中信证券量化策略专题研究，2022年；杨俊文和王红兵：《股权激励事件解析》，西部证券量化组合研究，2022年。

4.4 个人层面的因素

4.4.1 企业家精神

学界关于企业家精神的研究发端于个体层次，很多研究者基于大五人格模型来描述成功企业家的人格特征。在大五人格模型框架下，企业家精神被划分为成就需要、冒险倾向、内部归因、自我效能以及外倾性等几个维度。大量实证研究表明，企业家在这几个维度的人格特征都与企业的业绩和公司发展之间存在明显的正相关关系。

为了准确地衡量企业家精神，学者们已经先后开发出一系列心理量表，并对个体创业者创新、冒险及不确定性容忍、成就动机等方面开展了关于企业家特质的研究。然而适合中国情景的权威企业家精神调查量表并不多见。美国巴森学院和英国伦敦商业学院 1999 年发起了全球创业观察（Global Entrepreneurship Monitor）项目，2002 年清华大学中国创业研究中心加入该项目，开始对中国进行调查，但是这个项目主要集中于对创业者的研究，覆盖面有限，不适合基本面量化投资研究。由国务院发展研究中心人力资源研究培训中心、国务院研究室工交贸易司等单位发起的中国企业家调查系统实施的系列"中国企业经营者问卷跟踪调查"在研究中国企业经营者对企业家精神的认识和评价中开发的量表不仅适合中国情景，适用范围更广，而且能够用于观测整个决策层的企业家精神，可以作为基本面量化投资研究的参考，因此，我们将其中关于企业家精神的部分列示在表 4-9 中。

表 4-9　企业家精神量表

测量维度	测量条目
创新意识	决策层重视研发和创新
	在开发新产品方面领先竞争对手
	决策层强调技术领先
	企业战略注重探索和原创
对机会的敏锐性	在市场竞争中采用积极主动的策略
	在市场环境不确定时，战略决策更趋于谨慎
	决策层善于快速抓住瞬息万变的市场机会
	决策层总能洞察别人所看不到的市场机会
冒险意识	决策层在投资行为中极有魄力
	决策层倾向于实施高风险高回报的项目
挑战意识	通常避免同竞争对手发生正面冲突
	通常不会主动挑战竞争对手

资料来源：中国企业家调查系统（2009）。

4.4.2　其他高管特征

高管的企业家精神无疑是在个人层面影响企业成长性最重要的因素，直接采用心理量表或者其他量表来测量会大幅提升数据获取的成本，而且获得的数据也可能不是持续的。除了企业家精神外，其他高管特征（如年龄、性别、工作年限、职业背景、专业技能等）都可能影响高管的管理能力和管理效率，进而影响企业的经营效率和成长性。

Hambrick 和 Mason（1984）提出高层梯队理论，利用人口统计学特征替代以认知和价值观等方式来衡量高管特征。这就为基本面量化投资研究提供了大大的便利，因为相对于利用量表测度，人口统计学特征数据更加易得，数据的连续性也更好。

基于人口统计学特征，国内研究者对高管特征与企业绩效之间的关系做了大量的研究（魏立群和王智慧，2002；孙海法等，

2006；龚林等，2015；孙凯等，2019；李慧聪等，2019；贺新闻等，2020）。我们将其中比较重要的被广泛认可的结论总结如下：

❖ 在年龄方面，早期研究发现，在所有上市公司样本中高管平均年龄与公司绩效之间呈正相关关系；但在近期研究发现，在信息技术行业、高新技术行业、中小板上市公司以及创业板上市公司样本中高管平均年龄与企业绩效呈显著的负相关关系。

❖ 在性别方面，女性高管通常会更加注重企业的非财务绩效，性别多样化能够提升工作积极性，因此，女性高管的加入更加有利于企业绩效的提升。

❖ 在学历方面，高管平均学历对创业板上市公司样本中的企业绩效具有显著的正向作用，国际化程度会正向调节高管平均学历对企业业绩的影响，而高管团队的薪酬差距会负向调节该影响。

❖ 在高管任期方面，高管平均任期越长，高管团队越稳定，企业的绩效会越好，企业的国际化程度会正向调节高管平均任期对企业极小的影响，且高管任期与股权激励相结合对业绩能够产生正向的交互效应。

❖ 在职业背景方面，在上市公司高新技术企业样本中高管的研发背景能够通过提升研发规模和研发效率的方式促进企业成长。政治关联对企业业绩的影响因其关联的方式不同而不同，代表委员类政治关联和组织层面的政治关联会正向作用于企业绩效，而政府官员类政治关联和私人层面的政治关联则会降低企业绩效。

4.5　预测企业增长的量化方法

我们在前面几节讨论了如何量化各个层面影响企业未来增长的重要因素，下面将主要讨论如何利用这些因素构建模型来定量地预测企业未来的增长。

4.5.1 分析师预测

相比普通投资者，证券分析师在信息获取和专业素质上具有较大优势。他们密切关注公司，具有与管理层沟通的机会，能够获得时间更新、质量更高的公司经营信息，专业素养和从业经验也能提高他们的预测能力。一些研究发现，在美国、日本、英国以及韩国等国家，在短期盈利预测上，分析师一致性预测要优于简单历史时间序列预测。因此，借助分析师预测来评估企业未来的增长似乎是一个"捷径"。

但是采用分析师预测来估计企业未来的增长，需要注意以下几个方面的问题：

❖ **分析师预测的准确度如何？** 大量研究表明，出于增加其所属券商的承销收入、迎合管理层需求、提高交易佣金、维持与机构投资者的密切关系、自身的职业发展以及行为偏差等原因，国内分析师预测存在普遍的乐观性偏差（曹胜和朱红军，2011；伍燕然等，2012；赵良玉等，2013）。

❖ **分析师预测的准确度受到什么因素影响？** 从公司层面看，公司信息披露质量越高，内部控制质量越高，企业战略与行业常规战略一致性程度越高，企业的客户越稳定，应计盈余管理程度越小，信息披露越透明，公共信息获取成本越低，分析师预测准确度越高（方军雄，2007；李丹和贾宁，2009；王玉涛和王彦超，2012；王雄元和彭旋，2016；董望等，2017；何熙琼和尹长萍，2018）。从分析师层面看，分析师预测准确度与其能力、从业经验以及能够获得的资源显著正相关；经验与行业专长越充分，分析师预测准确度越高；明星分析师的预测能力及其预测准确度高于其他分析师；相对于男性分析师，女性分析师的预测更加谨慎（李丽青，2012；施先旺等，2015；伊志宏等，2015）。从外部环境来看，获取信息的成本越低，经济政策的确定性越高，分析师的预测越准确；而融资交易越火热，投资者情绪越高，分析师预测乐观偏差越大（伍燕然等，2016；陈胜蓝和李占婷，2017；杨青等，2019；褚剑等，2019）。

❖ 我们要如何处理分析师预测数据才能得到更加准确的预测结果？由于分析师预测本身并不十分准确，因此，在采用分析师预测来评估企业增长时需要对其进行调整和修正。主要有两种修正办法：①根据已知的影响分析师预测准确性的因素来进行修正，比如对于不同分析师的预测结果赋予不同权重；②利用分析师自身的修正结果来预测，比如采用分析师盈余修正或者投资评级修正来进行预测。

除了以上问题外，我们还需要注意的是，不同公司受到分析师关注的程度不同。一般地，公司市值越大、机构持有占比越大、媒体关注程度越高，越容易吸引分析师。此外，在利用分析师预测来评估企业增长时，还需要注意分析师报告的时限，最好采用最新的分析师预测，避免采用最近发生过影响企业经营的重大事项之前的分析师预测。最后，还需要留意分析师观点的分歧程度。如果关注同一家企业的分析师的观点分歧程度突然上升，这可能意味着该企业可能存在一些重大的潜在风险。

4.5.2 计量经济学方法

在运用计量经济学方法来评估企业增长的研究中，最经典的莫过于经济学家对 Gibrat 定律的验证。Gibrat 定律已经成为研究产业动态的基准模型，主要原因是其足够简单，不需要太多的理论假定，除了行业和年份哑变量外也不需要输入太多的控制变量。

在最简单的 Gibrat 模型中，不管初期规模如何，给定的时期内企业的预期增长率都是独立于企业的规模。如果用 $Size_t$ 表示企业在 t 时期的规模，用 ε_t 表示一个服从均值为 μ，方差为 σ^2 的独立同分布的随机变量，那么，企业的规模可以描述为以下方程：

$$Size_t = Size_{t-1} + \varepsilon_t Size_{t-1} \qquad （4.13）$$

对方程（4.13）按照时间序列展开并进行对数化处理之后

得到：

$$\ln Size_t \approx \ln Size_0 + \sum_{i=1}^{t} \varepsilon_i \qquad (4.14)$$

其中，$Size_0$ 表示企业的初始规模，$\sum_{i=1}^{t} \varepsilon_i$ 表示关于公司成长的累积的历史冲击。如果进一步假定在一个行业中所有企业都经历独立同分布的增长冲击，当时间 $t \to \infty$，$\ln Size_0$ 相对于 $\ln Size_t$ 非常小，因此，根据中心极限定理，$\ln Size_t$ 的分布近似于服从对数正态分布，即 $\ln Size_t \sim N\left(t\mu, t\sigma^2\right)$。

当然这种简单版本的 Gibrat 模型在行业动态的经验研究中存在很多明显的问题。因为企业的增长率常常并不服从于正态分布，而是服从类似于 Laplace 或者对称指数的分布。另外，企业增长率的方差也不是无限的，并没有发现独特的没有限制的行业集中度。

在 Gibrat 模型的基础之上，我们可以通过引入 4.1 至 4.4 介绍的宏观、行业、企业和个人层面的因素，来更加有效地预测企业未来的增长。具体地，我们可以建立以下模型：

$$\begin{aligned}
\ln Size_{i,j,t+1} = {} & \beta_0 + \sum_{s=1}^{S} \tau_s \ln Size_{i,j,t-s} + \sum_{h=1}^{H} \lambda_h IndivLev_{i,j,t}^h + \\
& \sum_{k=1}^{K} \gamma_k FiLev_{i,j,t}^k + \sum_{m=1}^{M} \phi_m IndusLev_{i,j,t}^m + \\
& \sum_{n=1}^{N} \varphi_n MacLev_{i,j,t}^n + \omega_{i,j,t}
\end{aligned} \qquad (4.15)$$

其中，下标 i, j, t 分别表示企业、行业和时期；$IndivLev$ 表示个人层面的变量，$FiLev$ 表示企业层面的变量，$IndusLev$ 表示行业层面的变量，$MacLev$ 表示宏观层面的变量；$\{S, H, K, M, N\}$ 分别表示因变量滞后项、个人、企业、行业和宏观层面变量的个数；β_0 表示截距项，$\{\tau_s, \lambda_h, \gamma_k, \phi_m, \varphi_n\}$ 分别表示斜率项系数；ω 表示随机误差项。

方程（4.15）可以采用分位数回归、广义矩估计（GMM）模型或者机器学习等方法进行估计。

4.5.3 多指标综合评价集成模型

我们在 4.1 至 4.4 从宏观、行业、企业和个人四个层面分别介绍了如何量化影响企业增长的重要因素，这实际上是一个指标体系的构建和测度过程。影响企业增长的变量有很多，我们也只是讨论了我们认为比较重要且不太好度量的一部分。最终得到数据有很多种类型，比如从财务报表或者从转化之后的财务报表上获得的数据通常是数值型，从网络上爬取消费者满意程度评价通常是文本型，高管团队的平均受教育年限是顺序型，而是否是顺周期行业则是类别型的数据。不同类型数据的量纲不同，而且变量很多，因此，常规的计量方法常常会受到限制。一个更好的方法是多指标综合评价集成模型。

多指标综合评价集成模型源自我国 20 世纪 80 年代初，关于经济效益综合评价问题的讨论。该方法将不同方面且量纲不同的统计指标无量纲化，并加以综合，得出对研究对象的整体评价。经过几十年的发展，该方法目前已经被广泛应用于众多社会经济问题的研究领域。

利用多指标综合评价集成模型来预测企业增长的主要步骤如下：

（1）评价指标体系构建与测度。选择合适的评价指标是综合评价方法的第一个关键。构建评价指标体系时，要尽量避免仅仅采用财务指标或者单一类别的指标，要注意权衡数据获取成本与效益之间的关系。本章前四节的内容提供了一个良好的指标体系参考，而且我们还提供了相关指标的测度方法。

（2）评价信息集成。合理的信息集成方式是综合评价方法的第二个关键。对于数值型数据，相关指标集成之前只需要将不同计量单位的指标进行无量纲化处理。常用的无量纲化方法包含广义指数法、广义线性功效系数法和标准化法等。如果数据中包含评价者的主观偏好信息（如专家群体打分），在集成评价者偏好之前一般需要检验信度和效度，并进行一致性分析，使群体评价者尽量达成一致意见。然后，根据研究设计需要，采用合理的权重函数或模型将所有分散的信息集成综合评价信息，常见的信息集成模型有主成分分析、模糊评价模型、DEA信息集成模型等。如果数据中包含不同评价者的主观偏好信息，则可以通过个体判断矩阵和群体判断矩阵来分配指标权重，并进行信息集成。

（3）评价结果检验与模型调整。在获得集成信息之后，就可以将其输入最终的评价模型进行结果检验了。最终的评价模型既可以是计量经济模型，也可以采用机器学习方法，但鉴于输入数据的复杂性，我们推荐采用灵活性更高的机器学习方法。机器学习中的无监督学习技术可以处理高维度的数据，而有监督学习方法（如回归树、LASSO、随机森林、支持向量机、神经网络、深度学习等）则可以获得更加精准的预测结果。为了提升模型的预测效果，我们还可以将样本划分为训练集和测试集，不断地调整模型来获得更好的样本外预测效果。

赵志伟（2018）按照以上步骤，从创新能力、企业家素质、产品竞争力、运营效率以及环境风险五个维度构建了一个包含64个变量的指标评价体系，基于2014~2017年，我国中小板上市企业数据，采用随机森林和Adaboost两种机器学习算法，建立了中小企业成长性预测分类模型，并取得了比较良好的预测效果。

由于多指标综合评价集成模型的兼容性较好，我们还可以将4.5.1中的分析师预测或者4.5.2中采用计量经济学模型的预测结果放入其中，以进一步提升模型的预测效果。但是综合评价集成模型的一个显著弊端在于，模型构建和估计过程比较复杂，消耗的成本比较高。

5

评估企业的风险

我们在第 3 章和第 4 章分别介绍了如何定量地评估决定股票价值的前两个要素，即现金流和增长机会。本章主要讨论如何定量评估决定股票价值的第三个要素，即风险。在这之前，我们先想想风险发生和被识别的基本过程：公司经营管理出现或者即将出现问题——这些已经发生或可能将要发生问题的征兆被各种类型的数据（主要是会计数据）所记录——管理者和研究者分析这些数据并评判风险。根据这个过程，企业的风险可以划分为几个维度：

❖ 经营风险。

❖ 财务困境风险。

❖ 财务造假风险。

❖ 股票市场反映出来被投资者意识到的风险。

本章分别从这几个维度来讨论如何量化这些风险。本章内容如下：我们首先在 5.1 讨论如何评估企业的财务造假风险，因为真实的财务数据是评估其他风险的一个重要前提。5.2，主要讨论如何度量和评估企业的经营风险，它通常是其他风险的发端。5.3，主要讨论如何度量和评估企业陷入不同程度财务困境的风险。5.4，主要讨论如何评估企业的内部控制风险，虽然内部控制风险应当与经营风险属于同一层次，但目前常见的内部控制指数都是一些综合性的度量指标，因此，我们将其放在比较靠后的位置。5.5，讨论用资本成本来度量股票市场反映出来的被投资者意识到的综合性风险。

5.1 财务造假风险

我们首先考察企业的财务造假风险，因为目前以及今后很长一段时间之内，公司发布的财务报告可能都是基本面量化投资研究最主要的数据来源。因此，识别财务数据的真实性是利用财务数据进行基本面量化投资研究后续流程的基础。

尽管大多数公司高管都尊重投资者及其需求，但还是会有一些不诚实的管理者通过虚假陈述公司业绩、操纵财务报告信息来误导投资者。管理者可能使用很多手法来误导投资者，试图让他们形成公司业绩比真实情况要好的印象。虽然上市公司的全部年度财务报表和部分半年度财务报表都是经过审计的，但是外部审计在识别财务舞弊方面发挥的作用非常有限。因此，基本面量化投资研究者有必要掌握足够识别企业财务造假的技巧。

本节首先介绍两种经典的识别财务造假的模型，即 M-Score 模型和 F-Score 模型。它们也是目前在基本面量化投资研究领域被运用得最多的模型。但是大多数研究者在应用这两个模型时都偷懒了，他们直接套用两个模型的原始估计结果来评估股票的安全性。直接套用原始模型肯定是存在问题的，最起码也得利用中国的数据重新估计一遍。其次介绍一个与 M-Score 模型和 F-Score 模型相似，但是更加适合于中国市场的 C-Score 模型。最后介绍一个利用机器学习方法建立的也适合于中国市场的 X-Score 模型。

需要事先说明的是，目前的财务造假识别研究仍然存在的两个重要问题，可能会对投资分析和投资实践产生重大影响：

❖ 部分由模型预测出来造假的公司并未受到证监会或其他监管机构的处罚或者最终也没有被暴露出来，但是这些造假嫌疑又确实会影响未来的财务数据，甚至部分敏锐的投资者可能会察觉这些公司造假的可能性进而反映在股票价格变化中。

❖ 目前文献大多仅集中于区分造假与不造假的公司，很少有定量研究考察不同的造假类别，但在资本市场上不同造假类别对投资者利益的损害程度不一样，进而对股价和债券价格的影响完全不同。

5.1.1 M-Score 模型和 F-Score 模型

近二十年中对量化投资研究影响最大的财务造假预测模型也许是 Beneish（1999）的 M-Score 模型。M-Score 模型因在事前成功预测了安然公司造假而闻名。M-Score 模型以 1982~1992 年被美国证监会查处的 74 家财务造假公司为观察样本，按照行业和年度配比了 2332 个控制样本，以应收账款指数、毛利率指数和资产质量指数等八项指标建立模型来判断公司财务造假的可能性。

Dechow 等（2011）在 M-Score 基础上建立了 F-Score 财务造假预测模型。他们从应计项、财务指标、非财务指标、表外业务和市场信息五个方面全面检验造假公司的特征指标，运用 Logistic 模型考察了 1982~2005 年美国证监会发布的会计和审计执法发布（Accounting and Auditing Enforcement Rreleases，AAERs）中的 2190 家公司，并从中识别出涉嫌财务造假的 676 家公司。他们发现只包括财务报表指标的模型判断财务造假的能力最好，准确度达到 69%，而且虚增收入、少计费用和费用资本化是美国上市公司会计造假的主要手段，造假最多的是在 1999 年和 2000 年的互联网泡沫期。表 5-1 展示了 M-Score 模型和 F-Score 模型中的变量及其定义。

表 5-1 M-Score 模型和 F-Score 模型中变量及其定义

M-Score模型		F-Score模型	
变量名称	定义	变量名称	定义
DSRI：应收账款指数	本期应收账款占营业收入比例/上期应收账款占营业收入比例	RSST_ACC：RSST应计项	（Δ经营资本+Δ非现金营运资产+Δ金融资产）/平均总资产
GMI：毛利率指数	上期毛利率/本期毛利率	CH_REC：应收账款变动率	Δ应收账款/平均总资产
AQI：资产质量指数	本期非实物资产比例/上期非实物资产比例	CH_INV：存货变动率	Δ存货/平均总资产
SGI：营业收入指数	本期营业收入/上期营业收入	SOFT_AS：软资产比例	（总资产-固定资产-在建工程-工程物资-货币资金）/总资产
DEPI：折旧率指数	上期折旧率/本期折旧率，其中折旧率=折旧费用/固定资产原值	CH_CS：现金销售率	（营业收入-Δ应收账款）/营业收入
SGAI：销售管理费用指数	本期销售管理费用占营业收入比例/上期销售管理费用占营业收入比例	CH_ROA：ROA增长率	Δ（净利润/平均总资产）
LVGI：财务杠杆指数	本期资产负债率/上期资产负债率	ISSUE：是否再融资	有股权或债券融资设为1；否则，设为0
TATA：总应计项	［（Δ流动资产-Δ货币资金）-（Δ流动负债-Δ一年内到期长期负债-Δ应交税费）-折旧费用］/总资产	CH_EMP：员工数量非正常变化	员工数量变化百分比-总资产变化百分比
		LEASEDUM：是否有经营租赁	未来经营负债为正设为1；否则，设为0
		MA_ST：市场调整的股票回报率	股票年度买入并持有回报率
		LMA_ST：滞后一期市场调整的股票回报率	股票年度买入并持有回报率的滞后一期

注：其中 Δ 表示当年值减去上年值之差。

为了检验 M-Score 模型和 F-Score 模型在中国市场的适用性，一些学者直接利用中国的数据对这两个模型进行了重新估计。表5-2 列示了 Beneish（1999）和 Dechow 等（2011）原模型的估计参数，以及钱苹和罗玫（2015）利用 1994~2011 年中国沪深上市公司数据重新估计两个模型得到的参数。其中 Dechow 等（2011）分别估计了三个模型，第二个模型在第一个模型的基础上增加了员工非正常数量变化和是否存在经营租赁两个变量，第三个模型又增加了市场调整的股票回报率和滞后一期市场调整的股票回报率两个市场指标，但最终他们发现只包含财务指标的第一个模型的预测能力最好。可以发现，直接将 M-Score 模型和 F-Score 模型运用于中国市场效果并不理想，不仅估计出来的参数大小、显著性不同，而且一些变量的符号也发生了难以置信的变化，比如资产质量指数在 F-Score 模型中显著为负，这明显违背了直觉。这意味着，这两个模型可能并不适用中国市场，需要专门针对中国市场开发新的财务造假识别模型。

表 5-2　M-Score 模型和 F-Score 模型中的估计参数

项目	M-Score模型		项目	F-Score模型			
研究来源	Beneish（1999）	钱苹和罗玫（2015）	研究来源	Dechow等（2011）			钱苹和罗玫（2015）
				模型1	模型2	模型3	
常数项	−4.84***	−4.498	常数项	−7.893	−8.252***	−7.966***	−4.76
DSRI	0.92**	0.09*	RSST_ACC	0.79***	0.665***	0.909***	−0.573
GMI	0.528***	0.133	CH_REC	2.518***	2.457***	1.731***	−2.245
AQI	0.404***	−0.008	CH_INV	1.191***	1.393***	1.447**	−2.915***
SGI	0.892***	0.194	SOFT_AS	1.979***	2.011***	2.265***	1.610***
DEPI	0.115	−0.334	CH_CS	0.171***	0.159***	0.160***	−0.919
SGAI	−0.172	0.293***	CH_ROA	−0.932***	−1.029***	−1.455***	−1.932***
LVGI	−0.327	0.233	ISSUE	1.029***	0.983***	0.651***	0.761***
TATA	4.679***	−0.54	CH_EMP		−0.150**	−0.121	
			LEASEDUM		0.419***	0.345**	
			MA_ST			0.082***	
			LMA_ST			0.098***	

注：*、** 和 *** 分别表示在 10%、5% 和 1% 的显著性水平下显著。

资料来源：Beneish（1999）、Dechow 等（2011）以及钱苹和罗玫（2015）。

5.1.2 C-Score 模型

为了解决国外财务造假识别模型在国内"水土不服"的问题，一些国内的会计学专家尝试开发适合中国市场的财务造假识别模型，其中钱苹和罗玫（2015）的研究比较具有代表性。他们在 M-Score 模型和 F-Score 模型的基础上，从财务业绩、公司治理、地区发展水平和行业特征、管理层特征及激励、市场信息、审计意见、ROE 指标以及特殊交易八个可能表征中国上市公司财务问题的 53 个指标中，按照 Dechow 等（2011）的方法以显著水平 15% 为标准对所有变量进行后向逐步剔除回归，最后筛选出其他应收款比例、是否亏损、经营应计项、现金销售率、股票月换手波动率、股权集中度、机构投资者持股比率、是否再融资和股市周期 9 个鉴别中国上市公司造假的关键变量，利用 Logit 模型构造出适合中国上市公司情景的 C-Score 模型。表 5-3 列示了模型中涉及的变量及其定义。

表 5-3   C-Score 模型中变量及其定义

变量名称	定义
TATA：总应计项	[（Δ流动资产-Δ货币资金）-（Δ流动负债-Δ一年内到期长期负债-Δ应交税费）-折旧费用]/总资产
CH_CS：现金销售率	（营业收入-Δ应收账款）/营业收入
OTHREC：其他应收款比例	其他应收款/总资产
LOSS：是否亏损	如果扣除非经常性损益后的ROE小于0，则为1，否则为0
SD_VOL：股票月换手波动率	股票月均换手率的连续12个月的标准差
H5INDEX：股权集中度	前五大股东持股比例的平方，越大表明股权越集中
INSTITU：机构投资者持股比例	机构投资者年均持股数/总股数
ISSUE：是否再融资	有股权或者债券融资，为1；否则，为0
STKCYC：股市周期	熊市为1，牛市为0，按总市值加权平均市场年收益率是否大于0来划分周期

注：其中 Δ 表示当年值减去上年值之差；根据沪深两市总市值加权平均市场年收益率，它们将 1994、1995、1998、2001、2002、2003、2004、2005、2008 和 2011 年划分为熊市，将 1996、1997、1999、2000、2006、2007、2009 和 2010 年划分为牛市。

与 M–Score 模型和 F–Score 模型相比，C–Score 模型更加注重公司治理和市场信息指标类指标，增加了股权集中度、机构持股比例、股票月换手率和股市周期四个变量，而弱化了财务报表数字的预测作用。他们采用的造假样本为 1994~2011 年沪深两市被证监会、证券交易所和财政部确定的财务造假的公司，但不包含 IPO 前造假的公司，最终估计的 C–Score 公式如下：

$$C - Score = -0.983 - 2.261TATA^{***} - 2.495CH\_CS^{***} + 5.075OTHREC^{***} +$$
$$0.797LOSS^{***} - 0.059SD\_VOL^{***} - 3.198H5INDEX^{***} -$$
$$4.298INSTITU^{***} + 0.888ISSUE^{***} + 1.184STKCYC^{***}$$

$$（5.1）$$

其中，*** 表示在 1% 的显著性水平下显著。

如果将阈值设定为 –4.701，C–Score 模型犯第一类错误（将造假公司误判为正常公司）的概率为 19%，显著低于 M–Score 模型（62%）和 F–Score 模型（46%）；犯第二类错误（将正常公司误判为造假公司）的概率为 27%，略高于 M–Score（24%），但低于 F–Score 模型（37%）；准确率为 73%，略低于 M–Score 模型（75%）高于 F–Score 模型（63%）；而犯错误的期望成本在（114~115）。总的来说，在中国情景下 C–Score 模型的辨别能力要显著高于 M–Score 模型和 F–Score 模型。

5.1.3 X–Score 模型

随着近几年机器学习技术的兴起，人们逐渐将这些新兴技术用于预测财务造假。在国内的相关研究中，周卫华等（2022）的观点比较具有代表性。他们在 M–Score 模型、F–Score 模型和 C–Score 模型的基础上，结合多种机器学习算法构造了适合中国市场的 X–Score 模型。

他们利用 2000~2020 年中国上市公司数据，将监管机构发布的违规处理文件中涉及"虚构利润""虚列资产""虚假记载（误导性陈述）"等上市公司违规数据作为财务舞弊样本集。训练样本集和测试样本集选择 2000~2018 年为观测窗口，训练样本和测试样本比例为 7∶3，2019~2020 年作为时间外样本。在总样本中剔除金融行业企业，并在非舞弊样本中剔除曾有任意违规记录的数据，最终确定 3006 个舞弊样本和 15693 个非舞弊样本。为了避免灰色样本（非舞弊样本中实际存在舞弊行为但未被发现的样本）的影响，利用 Benford 定律、LOF 局部异常因子法和无监督学习 IF 孤立森林算法剔除灰色样本，将非舞弊样本降到 3871 个。为了避免随机采样导致的过拟合现象，他们先采用轻度提升向量机清洗样本，然后采用 SMOTE 算法对分类可信度较高的样本进行过采样，最终生成 2115 个新的舞弊样本。X-Score 模型中的变量及其定义见表 5-4。

表 5-4 X-Score 模型中的变量及其定义

变量类型	风险类型	变量名称	变量解释
公司治理	治理环境	监管层总人数	年报披露的董事会、监事会和高级管理人员的总人数
	股权特征	境内发起人法人股股数占未流通股份比例	境内发起人法人股股数占未流通股份比例
财会监督	外部审计	会计师事务所是否变更	是否变更年报审计会计师事务所
	内部控制	迪博内控指数$_{\Delta t-(t-1)}$	迪博中国上市公司内部控制指数当年值减去上年值
企业运营	资金来源	存贷双高$_{t-1}$	上年是否存贷双高
		股权质押比例$_{t-1}$	上年股权质押比例
	资金归还	长期资产与现金支付异常度$_{t-1}$	上年长期资产与现金支付异常度
	关联交易	其他应收款与营业总收入增幅异常	其他应收款增幅–营业收入增幅
		关联交易依赖度	关联交易金额占营业收入比重
	采购付款	应付账款增幅与存货和收入增幅异常$_{t-1}$	三年前应付账款增幅与存货和收入增幅异常
	销售收款	存货增幅与营业收入增幅差$_{\Delta t-(t-1)}$	上年存货增幅与营业收入增幅差较前年变化值

续表

变量类型	风险类型	变量名称	变量解释
财务指标	盈利能力	长期资本收益率$_{\Delta t-(t-1)}$	长期资本收益率较上年增加值
		现金与利润总额比$_{t-1}$	上年现金与利润总额比
		净资产收益率	净资产收益率
		净利润与利润总额比$_{t-1}$	三年前净利润与利润总额比
	现金流能力	营运指数$_{\Delta t-(t-1)}$	营运指数较上年增加值
		筹资活动股东现金净流量$_{t-1}$	两年前筹资活动股东现金净流量
	经营能力	股东权益周转率	股东权益周转率
		非流动资产周转率$_{t-1}$	上年非流动资产周转率
	发展能力	营业利润增长率$_{\Delta t-(t-1)}$	营业利润增长率较上年增长值
		营业利润增长率	营业利润增长率
		每股经营活动产生的净流量增长率$_{t-2}$	两年前每股经营活动产生的净流量增长率
		可持续增长率$_{\Delta(t-1)-(t-2)}$	上年可持续增长率较前年的变化值
		净资产收益率增长率$_{t-1}$	上年净资产收益率增长率
		经营活动产生的净流量增长率$_{t-1}$	上年经营活动产生的净流量增长率
	偿债能力	现金比率	当年现金比率=现金及现金等价物期末余额/流动负债
		权益乘数$_{\Delta(t-1)-(t-2)}$	上年权益乘数较前年增长值

注：其中 Δ 表示当期值减去上期值之差。

他们从公司治理、财会监督、企业运营、财务指标四个方面共 211 个原始特征变量中，通过特征聚合、特征组合、特征离散等特征工程方法扩展、筛选和降维最终确定最优的 27 个特征指标（见表 5-4），利用 XGBoost 算法进行模型训练，最终构建 X-Score 集成模型。在 XGBoost 模型训练中采用的参数如表 5-5 所示。在时间外样本中的测试显示，从 KS、PSI、Recall、AUC 和 AP 等评价指标来看，X-Score 模型均显著优于 F-Score 模型和 C-Score 模型。

表 5-5 X-Score 模型训练参数

参数	参数名称	参数值
Learning_rate	学习率	0.05
Max_depth	子树最大深度	3
N_estimaotrs	最大迭代次数	300
Min_chid_weight	子节点权重阈值	1
Sub_sample	训练样本的采样比例	0.8
Scale_os_weight	调整正负样本权重	1
Reg_lambda	L2正则化系数	300

资料来源：周卫华等（2022）。

为了提升 X-Score 模型的易用性，他们通过统一的评分映射将 X-Score 模型的输出归一化，设计了一个评价上市公司财务舞弊风险的 X-Score 评分卡，其公式如下：

$$X-Score = 600 + 50 \times \log_2\left(\frac{pred}{1-pred} - lag\right) \quad （5.2）$$

其中，$pred$ 为集成模型的输出；lag 为基础分 600 对应的似然概率阈值，他们以当前期望模型的 20% 分位点作为基础分，与之对应的似然概率阈值为 0.86。

投资者可以根据使用场景定义不同的 lag，如果更加关注精准度且模型具有较强的负样本捕获能力，则可以选择更小的分位点对应的似然概率阈值；反之，则可以选择稍微大点的分位点对应的似然概率阈值。利用这个 X-Score 评分卡可以相对简易地预测目标公司财务造假的可能性，X-Score 评分越高，财务造假的风险越大；反之，财务造假的风险就越小。

利用机器学习技术确实能够显著提升财务造假预测的能力，但是机器学习方法不仅构造和估计过程比较烦琐、容易出错，而且缺乏扎实的理论基础，存在数据挖掘的嫌疑。因此，在实际应用过程中，是采用 X-Score 模型还是采用 C-Score 模型，研究者必须做出一定的权衡取舍。但我们一贯坚持的观点是，吸纳这些优秀研究的思想，借鉴他们好的方法和优点，针对自己的研究设计和面临的数据结构构造适合的模型。

5.2 经营风险

从广义上讲，经营风险是由客观存在、难以预料或无法控制的因素，致使企业未能达到经营目标的风险。从过程上来看，经营风险涵盖的范围很广，包括由经营行为不当而引发的项目风险、研发风险、技术风险和人力资源风险，由经营环境变化而产生政治风险、法律风险和声誉风险等。但如果从结果来看，这些所有风险最终都会引起实际经营绩效超出预期的变化。

5.2.1 经营风险的度量

从过程上来看，引起经营风险的因素有很多，因而度量经营风险的维度和方法就有很多。但从结果上来说，所有类型的经营风险都可以归结于经营结果的不确定性。因此，我们从两个维度来度量经营风险：

❖ 可能放大经营行为和经营环境变化的影响的中间变量（如经营杠杆）。

❖ 直接经营结果（如收益）的（未预期到的）变化。

5.2.1.1 经营杠杆

会计学教科书通常将经营杠杆（DOL）作为一个较综合指标来度量企业的经营风险。经营杠杆是企业生产经营中由于固定成本存在而产生的，它能够使业务量的较小变动引起息税前收益更大幅度变动。

经营杠杆与企业的固定成本、盈亏临界点密切相关，它的定义以及与固定成本、盈亏临界点销售量之间的关系可以用以下公式来表示：

$$DOL = \frac{\Delta EBIT/EBIT}{\Delta Q/Q} = \frac{EBIT+F}{EBIT} = \frac{QM}{QM-F} = \frac{1}{1-Q^*/Q} \quad （5.3）$$

其中，$EBIT$表示息税前利润，F表示固定成本，Q^*表示盈亏临界点的销售量，Q表示总销售量，M表示单位边际贡献。

虽然用经营杠杆衡量的经营风险在计算公式中同时包含了公司经营的收益波动性风险（$\Delta EBIT/EBIT$）和亏本风险（DOL），但经营杠杆更多地反映了企业的亏本风险。经营杠杆取决于盈亏临界点销售量与实际销售量的比值，该比值越大，经营杠杆越大，亏本风险越大；反之，则亏本风险越小。另外，固定成本越大，单位边际贡献越小，息税前利润越小，经营杠杆越大；反之经营杠杆越大。

5.2.1.2 收益波动性

大多数实证研究都将经营风险定义为收益的不可预测性，采用事后的收益波动程度，比如总资产报酬率的方差或者总资产报酬率围绕时间趋势的波动来度量经营风险。John 等（2008）和Acharya 等（2011）认为，公司的经营风险越高，盈利波动性也越大，因此，可以使用企业盈利的波动程度来衡量经营风险的大小。John 等（2008）将盈利波动程度的计算公式定义如下：

$$OPRISK_{i,t} = \sqrt{\frac{1}{T-1}\sum_{t=1}^{T}\left(E_{i,t} - \frac{1}{T}\sum_{t=1}^{T}E_{i,t}\right)^2} \quad （5.4）$$

其中，$E_{i,t} = \dfrac{EBITDA_{i,t}}{A_{i,t}} - \dfrac{1}{N_t}\sum_{i=1}^{N}\dfrac{EBITDA_{i,t}}{A_{i,t}}$，$OPRISK_{i,t}$表示第$i$家公司第$t$年的经营风险；$EBITDA_{i,t}$表示第$i$家公司第$t$年的息税折旧与摊销前利润；$A_{i,t}$表示第$i$家公司第$t$年的总资产，$N_t$表示

第 t 年样本公司的数量，$E_{i,t}$ 表示剔除所有公司营业利润率随时间趋势变化影响后的第 i 家公司第 t 年的营业利润率。

这种度量方式被国内一些学者认同（王竹泉等，2017）。但是由于按这种方式计算的经营风险常常不服从正态分布，因此，也可以考虑利用息税折旧摊销前利润率标准差的累积概率来衡量经营风险。

但是这种事后的经营风险可能与事前预期的经营风险差别很大。这种差异会导致两方面的严重后果：

❖ **基于风险预期的公司的自身经营策略不同。比如在 1970 年，一家石油公司可能预计 20 世纪 70 年代将是一个稳定的时期，并根据这种预期而不是石油输出国组织（OPEC）引入的不确定性来采取行动。**

❖ **对于量化投资研究者来说更重要的一方面，投资研究更加注重企业未来的风险，而不是过往的风险。**

最好使用未来风险度量来区分可预测的结果变化和不可预测的结果变化。用收益方差来衡量经营风险，可能将收益可预测但是快速增长的企业归为高风险的企业，而将收益稳定或缓慢下降的企业归为无风险的企业。因此，Bromiley（1991）建议采用分析师盈利预测的方差或者围绕时间趋势的波动来度量事前的经营风险。

5.2.2 如何预测经营风险

Bromiley（1991）在考察企业经营风险与业绩水平之间的因果关系时，提供了一个经典的预测企业未来经营风险的模型，模型中的自变量包含公司的业绩表现、行业的平均业绩表现、公司保持原来经营轨迹所能达到的期望业绩水平、公司想要达到的业绩水平、资源闲置程度以及当期的经营风险程度。

模型包含公司的业绩表现是因为，根据经济学理论，如果公司收入产生的边际效用递减，那么，一项投资的预期效用将取决于收益的方差。为了使收益方差较高的投资产生的效用与收益方差较低的投资产生的效用相同，收益方差高的投资必须表现出更高的平均绩效。因此，平均而言，不确定性较大的公司的业绩表现应该优于不确定性较小的公司的业绩表现。

与单个公司相似，行业的平均业绩表现将对风险产生负面影响。如果低业绩水平导致公司采取冒险行动，那么，平均而言，整体业绩水平低的行业将充满采取冒险行动的公司。如果竞争对手都采取冒险行动（引入新技术、开发新产品等），那么，很多公司将被迫采取此类风险更高的行动以跟上竞争对手的步伐。

如果管理者渴望在未来达到的业绩水平高于保持当前运行轨迹所能达到的期望业绩水平，那么，管理者可能会尝试通过改变以往的惯例和寻求创新等激进的冒险行为来提升未来的业绩，这些冒险行为常常会增加企业的经营风险；反之，公司可能减少冒险行为而采取更多的风险规避行为。因此，公司渴望未来达到的业绩水平越高而保持当前运行轨迹所能达到的期望业绩水平越低，公司越可能采取冒险行为，从而导致较高的经营风险；反之，越可能采取风险规避行为，从而使经营风险较低。

资源闲置程度对企业风险承担的影响取决于现有的资源闲置程度和公司设定的闲置程度目标之间的关系。如果公司当前的资源闲置程度大大低于或者高于其目标值，管理者可能会有动机采取异于常规的冒险行为来提高或者降低资源的利用程度；如果公司当前的资源闲置程度接近于其目标水平，管理者可能会认为公司正在以合意的方式运行，从而继续执行常规的程序。MacCrimmon和 Wehrung（1986）指出，相对于企业当前所获得的财富水平而言，管理者通常更加倾向于承担更小而不是更大的风险。因此，资源闲置程度对未来企业经营风险应该具有 U 形的非线性影响。模型通过引入资源闲置程度的平方项来刻画这种关系，并且预期资源闲置程度的系数为负数，而平方项的系数为正数。

　　表 5-6 展示了 Bromiley（1991）模型包含的变量与估计结果。该模型的因变量是企业下一期的经营风险。企业的经营风险用证券分析师预期的每股净利润 EPS 的标准差来衡量。企业的业绩水平和行业平均业绩水平分别利用当期企业的 ROA 和行业的平均 ROA 来衡量。由于有研究发现，证券分析师对企业未来的盈利预期与企业管理者对企业未来盈利预期高度相关，且证券分析师对企业的盈利预期通常也包含关于企业经营管理的最新信息，因此，利用证券分析师预测 EPS 的平均值来衡量企业按照当前运行轨迹所能达到的期望业绩水平。管理者渴望达到的业绩水平（管理者雄心）通常取决于公司自身以往的业绩水平以及与同行业公司之间进行比较的结果，因此，如果公司当前的业绩水平高于行业平均水平，那么，采用公司当前 ROA 的 1.05 倍来衡量管理者渴望在下一期达到的业绩水平；如果公司当前的业绩水平低于行业平均值，那么，采用当期同行业的平均业绩水平作为管理者在下一期渴望达到的业绩水平。研究将资源闲置程度分为三类——可利用的、可恢复的以及潜在的，并利用当期现金比率来衡量可利用的资源闲置程度，用当期销售与一般管理费用（SG&A）与当期销售额的比率来衡量可恢复的资源闲置程度，用当期负债权益比率和当期利率覆盖率来衡量潜在的资源闲置程度。

表 5-6　Bromiley（1991）模型的变量与估计结果

变量名称	定义	模型1	模型2
常数项		0.490**	0.356**
当期经营风险$_t$	证券分析师预期的每股净利润EPS的标准差	0.163**	0.210**
企业业绩水平$_t$	企业当期ROA	−3.598**	−3.136**
行业平均业绩水平$_t$	SIC二位码行业ROA均值	−1.259**	−1.257**
期望业绩水平$_t$	证券分析师盈利预测均值	0.271*	0.183
管理者雄心$_t$	若公司业绩水平高于行业平均，等于1.05倍公司当前ROA；反之，则等于当期同行业的平均ROA	2.919**	2.632**

续表

变量名称	定义	模型1	模型2
可利用的资源闲置程度$_t$	当期现金比率	-0.061^*	-0.022^*
可恢复的资源闲置程度$_t$	当期销售与一般管理费用与销售额的比率	-03891^{**}	-0.452^{**}
潜在的资源闲置程度1_t	当期利率覆盖率	-0.007^*	-0.056
潜在的资源闲置程度2_t	当期债务权益比率	-0.005	0.050^{**}
可利用的资源闲置程度$_t^2$	当期现金比率的平方	0.007^*	
可恢复的资源闲置程度$_t^2$	当期销售与一般管理费用与销售额的比率的平方	0.769^*	
潜在的资源闲置程度1_t^2	当期利率覆盖率的平方	0.047	
潜在的资源闲置程度2_t^2	当期债务权益比率的平方	0.003	

注：* 和 ** 分别表示在 10% 和 5% 的显著性水平下显著。

John 等（2008）在 Bromiley（1991）的基础上研究了企业当期经营风险的决定因素。虽然他们研究的是什么因素影响了企业的当期经营风险，而不是预测企业未来的经营风险，但他们的研究还是能够为我们研究如何预测企业未来的经营风险提供了很多启示。他们利用跨国面板数据和美国的数据都发现了投资者保护质量与企业经营风险之间的关系，为我们预测企业未来经营风险提供了一个新的维度。他们从国家层面对法律和治安传统进行分类，构建公司会计信息披露指数和股东权利指数来评估投资者保护环境的质量。

5.3 财务困境风险

人们考察企业是否已经或者将会发生陷入财务困境风险时，面临的一个首要难题是如何界定财务困境。关于财务困境的定义，目前不论是学界还是业界都尚未达成一致，破产、债券违约、银行账户透支、无法偿付优先股股息、资金链断裂，甚至是不能创造股东价值，都可以定义为财务困境。事实上，财务困境是一个动态过程。从发展演变的角度，陷入财务困境的企业首先表现为资金紧张，随着资金紧张状况的持续恶化，就会发展为支付困难，支付困难会导致企业信用违约并发生财务危机，一旦财务危机未能及时解决就会陷入债务违约，最终可能导致企业进入破产清算程序，一旦确定破产，就宣告了企业经营失败。因此，我们研究企业财务困境的时候，不仅要弄清楚其明确定义是什么，还应当从动态的角度来看待企业财务问题的变化。

到目前为止，学者建立了大量的各种各样的财务困境预警模型，比较有代表性的有 Z-Score 打分模型、逻辑回归模型、支持向量机、遗传算法、决策树和最近邻算法等，这些模型的预测精度不一。综合考虑公司陷入财务困境的动态过程特征以及中国证监会对陷入财务困境的公司的处理实际，我们主要讨论三类财务困境预测模型，即静态预测模型、动态预测模型以及多维效率机器学习模型。

5.3.1 静态预测模型

针对公司财务困境的预测，已经产生了一系列比较成熟的模型，比如 Altman（1968）的 Z-Score 模型、Altman 等（1977）的

ZETA 模型以及 Ohlson（1980）的 O–Score 模型。这些模型使用常规的财务指标，比如负债比率、流动比率、净资产收益率以及资产周转率等，作为解释变量来预测公司陷入财务困境的可能性。这些模型主要将公司破产作为目标预测变量。但权益投资者的索取权优先于债权人，当公司面临资金紧张、支付困难和债务违约时就应当引起股权投资者的关注了。

吴世农和卢贤义（2001）将被特殊处理（ST）作为预测变量，基于中国 1998~2000 年的数据，选择 70 家财务困境公司和 70 家非财务困境公司数据，采用多种回归方法，对 21 项财务指标进行了谨慎考察和筛选，构建了适合中国市场的财务困境预测模型。他们最终确定用 6 个重要的财务指标和 Logistic 模型回归能够得到最好的结果。他们最终推荐的模型形式如下：

$$\log\frac{p}{1-p} = -0.867 + 2.5313PGI^{***} - 40.2785ROA^{***} + 0.4597CR +$$
$$3.2293LTD\_ER^{**} - 3.9544WC\_TA - 1.7814TAT$$

$$（5.5）$$

其中，p 表示陷入财务困境的概率，PGI 表示盈利增长指数，ROA 表示资产报酬率、CR 表示流动比率，LTD_ER 表示长期负债股东权益比率，WC_TA 表示营运资本与总资产比率，TAT 表示资产周转率。

这个模型能够提前 1~2 年良好地预测中国上市公司发生财务困境。在提前 1 年的条件下预测犯第一类错误的概率为 7.25%，犯第二类错误的概率为 5.71%，误判率为 6.47%；在提前 2 年的条件下预测犯第一类错误的概率为 11.43%，犯第二类错误的概率为 14.29%，误判率为 15.71%。他们的模型被国内部分基本面量化投资研究者应用，比如李斌和冯佳捷（2019）在构建中国上市公司质量因子的安全性维度时就采用了他们的模型。

对于权益投资者来说，企业陷入财务困境的起点是股东价值损害，因为企业在不能偿还债务之前可能就已经不能先弥补权益资本成本了。翁洪波和吴世农（2006）利用经济增加值（Economic Value Added，EVA）来衡量企业为股东创造的价值，并将其作为目标变量来预测企业的财务风险。他们用 EVA 绝对值以 1000 万元和 –1000 万元为临界点将公司划分为价值创造型、不确定型和价值损害型三类，以此来构造衡量股东价值创造的绝对指标；又采用权益资本效率（EVA 除以平均股东权益）分别以 0.9% 和 –0.9% 为临界值划分三类公司来构造相对指标。他们从偿债能力、营运能力、盈利能力、成长能力、资产流动性、现金流量股权结构和经理激励八大类 59 个备选指标中筛选出 12 个有效预测变量，选择 1999 年前在沪市上市的 429 家 A 股公司样本（其中 343 家作为实验样本，86 家作为检测样本），利用 1999~2001 年的数据采用 Logistic 模型来预测 2002 年公司是否创造股东价值。他们将价值创造型公司作为组合 1，将不确定型公司作为组合 2，将价值损害型公司作为组合 3，并以组合 3 为基准，引入行业哑变量后，分组估计提前 1 年、2 年、3 年的预测效果。表 5-7 列示了他们提前 1 年的股东价值损害估计结果。

绝对数模型和相对数模型提前 1 年的检测样本预测准确率分别达到 72.09% 和 76.74%。从理论上严格说来，将是否以及在多大程度上损害股东价值作为财务风险的度量指标是最符合权益投资量化建模思想的。由于将样本分为了三组，翁洪波和吴世农（2006）的研究难以直接作为构建基本面量化投资模型的组件，但是稍加改造直接将是否损害股东价值作为预测变量，再采用最新的数据进行重新估计，就可以作为构建基本面量化投资模型的组件了。

表 5-7 股东价值损害风险估计结果

变量名称	组合1		组合2	
	绝对数模型	相对数模型	绝对数模型	绝对数模型
截距项	−4.089***	−3.938***	−2.897***	−3.250***
每股收益	4.263***	4.204***	3.251***	3.746***
主营业务利润率	0.847***	1.096***	1.001***	0.701*
营运资本总资产比	−4.522***	−4.728***	−3.867***	−2.501**
资产负债率	0.649		0.683	
负债比率百分比变化		1.117**		1.061**
总资产增长率	1.847***	1.259***	1.216***	0.487**
资产周转率	0.697	0.719*	0.041*	0.494
每股经营活动现金流	3.146*	1.197	4.490***	0.447*
每股投资活动现金流		0.032*		0.058*
第一大股东持股比例	0.047	0.055	0.016	0.003*
第二至第十大股东股权集中度	0.610*	0.278*	1.763**	0.993**
高管平均年薪对数	0.009	0.008	0.010	0.006

注：*、** 和 *** 分别表示在 10%、5% 和 1% 的显著性水平下显著。

资料来源：翁洪波和吴世农（2006）。

5.3.2 动态预测模型

静态模型在实务界已经得到了比较广泛的应用，这些静态的预测在确定企业是否破产时具有较强的效力。但它们存在一定的局限性，即不能揭示企业逐步陷入更深层次财务困境或者通过改善经营管理扭转困境的动态过程，这一小节将进一步讨论两个动态模型。

5.3.2.1 价值损害型公司的财务转变

吴超鹏和吴世农（2005）构建了一个动态模型考察了股东价值损害型公司（税后净营业利润能够补偿债权资本成本，但不能补偿权益资本成本的公司）在未来两年财务状况转变的影响因素。他们依据在未来两年 EVA 在 0 和负的权益资本成本两个临界点之间的位置状况将企业分为财务康复、财务转好、财务维持、财务转差和财务困境五种类型。

他们认为，企业的财务因素、内部治理因素和外部治理因素都可能影响企业能否从价值损害转向价值创造。他们利用排序因变量模型，从这三类因素中总共选择了约 20 个变量用于预测企业的转变。具体地，从财务因素中选择了每股收益、营运资产占总资产比例、流动资产周转率、应收账款回收周期、资产负债率、留存收益占总资产比例、资产增长率和每股经营活动现金流 8 个变量。利用第一大股东持股比例、是否国有控股、第二至第十大股东股权集中度、独立董事比例、总经理和董事长二位一体性、董事长是否持股、董事会持股比例、前五大高管持股比例以及高管平均年薪对数构建了公司治理指数。用审计意见类型（是否标准）、诚信度（是否违规受谴）以及信息透明度（是否境外上市）构建了投资者利益保护指数。构建公司治理指数和投资者利益保护指数的方法为主成分分析。得到这些预测变量后，他们采用基于 Levenberg–Marquardt Back–Propagation（LMBP）算法的人工神经网络模型从 t 年和 t+1 年分别来预测价值损害型公司能否在 t+2 年转变成价值创造型的公司。

5.3.2.2　Campbell 等（2008）动态模型

Campbell 等（2008）为了考察企业陷入财务困境的动态特征过程以及这些陷入困境的企业的股票收益率情况，提出了一个动态的财务预警模型。他们采用两种类型定义的财务困境，即破产和企业失败，其中企业失败包含破产、由财务困难引起的退市以及受到权威评级公司的 D 级评级。他们采用美国上市公司 1963~2003 年的数据，筛选构建了 10 个核心的财务和市场指标（表 5-8），利用动态 Logit 模型进行估计和预测。

表 5-8　Campbell 等（2008）动态模型预测变量及其定义

变量名称	定义
NIMTA：盈余资产市价比	$\dfrac{净利润}{权益市值+总负债}$
NIMTAAVG：加权平均盈余资产市价比	$\dfrac{1-\phi^3}{1-\phi^{12}}\left(NIMTA_{t-1,t-3}+\cdots+\phi^9 NIMTA_{t-10,t-12}\right)$
TLMTA：总负债资产市价比	$\dfrac{总负债}{权益市值+总负债}$
CASHMTA：现金资产市价比	$\dfrac{现金与短期投资}{权益市值+总负债}$
EXERT：月度超额收益	$\text{Log}(1+个股收益率)-\text{Log}(1+标普500指数收益率)$
EXRETAVG：加权平均月度超额收益	$\dfrac{1-\phi}{1-\phi^{12}}\left(EXRET_{t-1}+\cdots+\phi^{11} NIMTA_{t-12}\right)$
RSIZE	$\text{Log}(个股市值)-\text{Log}(标普500市值)$
MB：市值账面价值比	权益市值/权益账面净值
PRICE：股票价格	股票价格的对数
SIGMA：过去3个月股票滚动收益率的波动率	$\left(\dfrac{252}{N-1}\sum_{k=t-3}^{k=t-1}个股日收益率_k^2\right)^{1/2}$

注：其中 $\phi=2^{-1/3}$，N 表示股票实际交易天数。

表 5-9 展示了 Campbell 等（2008）的估计结果。他们假定企业破产或失败的条件概率服从 Logit 分布，即给定第 $j-1$ 月的数据，企业在第 j 个月失败或破产的概率为：

$$P_{t-1}\left(Y_{i,t-1+j}=1\,\middle|\,Y_{i,t-2+j}=0\right)=\frac{1}{1+\exp(-a_j+\boldsymbol{\beta}_j \mathbf{x}_{i,t-1})} \qquad (5.6)$$

其中，i 和 t 表示第 i 家企业和第 t 个月；Y 是二值变量，若等于 1 表示企业 i 在第 t 个月失败或破产，若等于 0 则表示未失败或破产；$\mathbf{x}$ 表示解释变量向量；$\boldsymbol{\beta}$ 表示模型的回归系数向量；a 表示回归模型的常数项。

他们分别用上月末数据估计当月、6 个月、1 年、2 年和 3 年之后企业破产或失败的情况，通过这种时变参数的方式能够详细考察企业破产或失败的累积概率，进而观测到企业财务困境的动态变化过程。

表 5-9　Campbell 等（2008）动态模型的估计结果

因变量	企业破产	企业失败	企业失败	企业失败	企业失败	企业失败
滞后月度	0	0	6	12	24	36
NIMTAAVG	−32.52**	−29.67**	−23.92**	−20.26**	−13.23**	−14.06**
TLMTA	4.320**	3.360**	2.060**	1.420**	0.917**	0.643**
EXRETAVG	−9.51**	−7.35**	−7.79**	−7.13**	−5.61**	−2.56**
SIGMA	0.920**	1.480**	1.270**	1.410**	1.520**	1.330**
RSIZE	0.246**	0.082**	0.047*	−0.045*	−0.132**	−0.180**
CASHMTA	−4.89**	−2.40**	−2.40**	−2.13**	−1.37**	−1.41**
MB	0.099**	0.054**	0.047**	0.075**	0.108**	0.125**
PRICE	−0.882**	0.937**	−0.468**	−0.058	0.212**	0.279**
常数项	−7.65**	−9.08**	−8.07**	−9.16**	−10.23**	−10.53**

注：* 和 ** 分别表示按 Z 统计量在 5% 和 1% 的显著性水平下显著；第二列模型因变量为企业破产，采用的是 1963~1998 年的数据，其余列因变量为企业失败，采用的是 1963~2003 年的数据。

5.3.3　多维效率机器学习模型

公司陷入财务困境的深层次原因是公司经营管理不善，而不是前面那些模型中所涉及的预测指标发生变化，预测指标的变化也是公司实际经营管理过程发生变化的结果。一个更加符合逻辑的预测公司财务风险的过程应当为：公司实际经营管理效率评价—财务预测指标变化—公司财务风险预测。

一些学者将公司经营管理效率评价指标逐渐引入公司财务困境预警中。比如，徐晓燕等（2009）考虑投入产出效率评价，Mousavi 等（2019）引入了市场效率评价和管理效率评价，王昱和杨珊珊（2021）同时引入了经营效率评价、财务效率评价、融资效率评价和人力资本效率评价。这些研究表明，引入经营管理效率评价指标后，模型的预测精度得到大幅提升。在引入多个维度的效率评价后，财务预警模型会面临两个问题：①不同维度的指标量纲不同，需要寻找一个能够在公司之间具有可比性的标准；②涉及的变量更多，模型变得更加复杂，难以进行有效的预测。对于前者，一个比较好的办法是采用数据包络分析（Data Envelopment Analysis，DEA），通过比较决策单元偏离 DEA 前沿程度来评价它们的相对有效性。而对于后者，一个比较好的办法是采用机器学习方法。这两种方法融合在一起，就形成了多维效率机器学习模型。

图 5-1 展示了融合财务指标和多维效率评价指标的机器学习财务预警模型的基本流程（王昱和杨珊珊，2021），具体步骤如下：

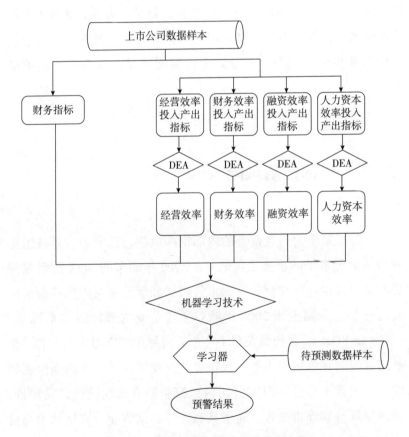

图 5-1　多维机器学习财务预警模型流程

资料来源：王昱和杨珊珊（2021）。

（1）提取反映经营效率、财务效率、融资效率和人力资本效率的投入产出指标，应用 DEA 方法对各个维度的投入产出的相对有效性进行评价，得到多维效率指标。

（2）将 4 个维度的效率指标与财务指标共同作为机器学习的输入特征，并训练建立学习器。

（3）对待预测的样本，利用学习器预测其是否发生财务困境。

他们从沪深两市选取 74 家被特别处理（ST）的公司作为财务困境公司样本，并按照 1∶1 的比例选择阈值所处行业、资产规模相近的非 ST 公司作为非财务困境公司样本，分别利用支持向量机、人工神经网络和决策树三种机器学习方法，采用 t–3 年的数据来预测第 t 年陷入财务困境的概率。最终发现，相对于仅采用财务指标的模型，多维效率模型能够显著地提高预测的准确率。

5.4　内部控制风险

内部控制作为企业重要的内部治理机制，已成为世界各国提高公司治理水平的重要手段之一。2002 年颁布的 SOX 法案强制要求企业加强内部控制，并要求管理层和审计师对内部控制情况进行评估。我国也于 2008 年颁布了《企业内部控制基本规范》（简称 C–SOX），并相继发布了《企业内部控制应用指引》和《企业内部控制评价指引》等，旨在促使企业建立并完善内部控制制度，并要求上市公司对本公司内部控制的有效性进行自我评价，披露年度自我评价报告，聘请具有证券、期货业务资格的中介机构对内部控制的有效性进行审计。

现有研究表明，内部控制能够有效缓解融资约束、促进研发和创新、保证企业合法合规经营、提高盈余管理水平、提升投资效率，从而降低企业的财务造假风险、经营风险和陷入财务困境的风险（戴文涛和李维安，2013；古朴和翟士运，2020）。

目前我国有两套公开发布的企业内部控制指数：

❖ 一套是由厦门大学内部控制课题组发布的"中国上市公司内部控制指数"（简称"厦大版企业内部控制指数"），但是该指数的发布并不连续，且难以通过公开渠道获得所有上市公司的排名或者评分。

❖ 另一套是由中山大学和深圳市迪博企业风险管理技术有限公司联合发布的"迪博·中国上市公司内部控制指数"（简称"迪博内部控制指数"），该指数包含内部控制指数、内部控制分项指数、内部控制评级和内部控制信息披露指数，自2011年起每年发布一次。

迪博内部控制指数以内部控制基本指数为基础，并将内部控制重大缺陷作为修正指标，对内部控制基本指数进行补充与修正。其中基本指数体系由战略指数变量（包含市场占有率和风险系数）、经营指数变量（包含投资资本回报率和净利润率）、报告指数变量（包含审计意见和财务重述）、合规指数变量（包含违法违规变量和诉讼事项变量）和资产安全指数变量（包含资产保值增值变量）五大目标指数构成。由于迪博内部控制指数具有更加良好的连续性和可获得性，因此，相对于厦大版企业内部控制指数，迪博内部控制指数的应用更加广泛。

5.5 用资本成本度量的风险

有的时候资本成本也被用来衡量风险，因为大多数资本成本都可以表示为无风险利率加上风险溢价的形式。但其中的风险通常包含很多风险因素，比如期限风险、市场风险、公司特质性风险、流动性风险和国家风险等，很多风险因素并非直接来自目标公司的基本面，而是涵盖了除资本的机会成本（无风险利率）之外的所有风险。因此，最好是当其他合适的风险度量指标不可得时，才采用基于资本成本的风险度量。本节我们主要介绍基于权益资本成本的风险度量。

关于权益资本成本的估计，在国际上有很多成熟的版本。比如道衡公司（Duff & Phelps）每年出版的《估值手册——国际资本成本指南》（*Valuation Handbook—International Guide to Cost of Capital*）、著名估值专家纽约大学斯特恩商学院教授 Aswath Damodaran 每年在其个人网站上公布的权益风险溢价（Equity Risk Premium，ERP）和国家风险溢价（Country Risk Premium，CRP），以及达特茅斯学院塔克商学院的金融学教授 Kenneth R. French 在其个人网站上定期发布的 Fama-French 多因子模型数据都可以作为估计权益资本成本的参考数据来源。

在国内，注册估值投资者协会（CVA）专门针对国内上市公司权益资本成本做了比较权威的估计，并从 2015 年开始每年在其官网上发布。他们在综合比较很多方法的结果后，选择了最适合国内企业权益资本成本的方法。他们最终推荐的方法与道衡公司和 Damodaran 的研究主要有两个方面的区别：

❖ 他们采用了一种内含报酬率的方法估计 ERP，而道衡公司和 Damodaran 主要采用历史平均数据计算 ERP。

❖ 他们认为中国上市公司广泛存在并且估算了规模溢价，而道衡公司认为仅在部分国家或地区存在规模溢价。

CVA 考虑了国内上市公司的规模溢价，采用调整的 CAPM 模型进行权益资本成本的估计。其核心公式可以表示为：

$$E\left(R_e^i\right) = R_f + \beta^i \times ERP + RP_{size}^i \qquad (5.7)$$

其中，$E\left(R_e^i\right)$ 表示证券 i 的期望报酬率；R_f 表示无风险利率，推荐尽可能采用 10 年期国债收益率；β^i 表示证券 i 的贝塔，衡量的是上市公司股票收益率相对于权益风险溢价变化的敏感性，CVA 基于历史数以 60 个月为滚动窗口并用 OLS 法回归估计；ERP 表示市场风险溢价，CVA 采用内含报酬率法进行估计；RP^i_{size} 表示证券 i 的规模溢价。

因此，在式（5.8）中 $\beta^i \times ERP + RP^i_{size}$ 部分衡量了股票 i 的风险溢价。

表 5-10 展示了 CVA 采用 1997 年至 2021 年所有沪深 A 股市场上的上市公司（剔除金融企业之后）对中国企业资本成本参数的估计结果，其中包含无风险利率、权益风险溢价以及规模溢价。为了估计规模溢价，他们将所有样本按照流通市值进行从大到小排序并等比例地分成 10 组。其中第 1~2 组为大规模组合，不考虑规模溢价；第 3~5、6~8、9~10 组分别为中型企业组合、小型企业组合和微型企业组合，规模溢价随着企业市值减小逐渐增大。特别地，他们还对最小市值规模上市公司组合进行拆分，分别将组合 10 拆分成两个子样本，其中组合 10 中市值规模较大的部分对应组合 10a（组合 10a 中规模较大的部分对应 10w，规模较小的部分对应 10x），市值规模较小的部分对应组合 10b（组合 10b 中规模较大的部分对应 10y，规模较小的部分对应 10z）。

在 CVA（2022）的估计结果中规模溢价并不仅仅针对由规模大小引起的风险，而是包含了权益资本成本中除了无风险利率和 ERP 之外的所有因素，因此，最终估计出的规模溢价与流通市值之间并不是单调的线性关系。

另外，需要特别注意的是，计算权益资本成本的原理是：基于资本资产定价模型，在风险与溢价对应的前提下，利用股票历史价格反推股票的风险。这意味着，权益资本成本中的风险溢价实际上是投资者意识到并反映在股票价格变化中的所有风险，而不仅仅包含我们所说的基本面风险。因此，除非找不到其他更好的代理变量，否则我们不建议用其来衡量任何形式的基本面风险。

表 5-10　中国企业权益资本成本估计参数表

无风险利率（Riskless Rate）	
10年期国债到期收益率	2.84%

权益风险溢价（Equity Risk Premium）	
内含（Implied）权益风险溢价	7.55%

规模溢价（Size Premium）

组别	规模最小公司市值（亿元）	规模最大公司市值（亿元）	规模溢价（高于CAPM模型预测的必要回报率，%）
中型企业（3~5）	57.38	188.87	0.95
小型企业（6~8）	24.33	57.33	4.06
微型企业（9~10）	2.86	24.33	9.55
十分位数组合			
1（最高）	350.79	25752.05	0.79
2	189.14	350.67	0.73
3	117.97	188.87	0.67
4	79.95	117.96	1.47
5	57.38	79.89	0.64
6	42.60	57.33	2.15
7	32.28	42.55	3.84
8	24.33	32.28	6.09
9	17.16	24.33	7.38
10（最低）	2.86	17.14	11.57
对第10组进行的进一步分解			
10a	12.58	17.14	8.43
10w	14.94	17.14	7.46
10x	12.58	14.92	9.39
10b	2.86	12.56	14.74
10y	9.54	12.56	8.82
10z	2.86	9.49	20.69

资料来源：数据来自 CVA（2022）。

6

捕捉价值之外的因素

在前面几章，我们详细讨论了如何调整财务数据以审视企业的现金流、预测企业未来的增长以及评估企业的风险，利用这些元素我们能够评估股票的内在价值。但在基本面量化投资实践中，我们还需要理解并知道如何抓取价值之外的因素，因为在任何时候股票的价格同时受到其内在价值以及价值之外因素的共同影响。这些价值之外的因素也通常被称为市场因素。

本章主要讨论如何抓捕价值之外的因素。内容安排如下：6.1，主要讨论在行为金融学视角下认知限制、认知偏差、风险偏好以及套利限制对股票价格的影响机制。6.2，主要讨论如何抓捕由投资者短期和长期非理性行为引起的价格偏差。6.3，主要讨论如何抓捕投资者情绪，分别考察了 BW 指数、CICSI 指数、OISI 指数和媒体文本情绪指数。6.4，主要关注如何抓捕动量效应，包含总收益动量、局部动量和相似动量，并讨论了中国 A 股市场上动量效应的存在性问题。

6.1 行为金融视角下的股票价格

传统金融学认为资本市场是有效的，股票价格充分反映了所有当前公开的与公司相关的所有信息，股票的市场价格等于其内在价值。如果发生新的冲击使企业的内在价值发生变化，人们一旦获得这些信息，市场就会迅速调整，使股票价格重新等于其内在价值。

传统金融学中有两大假设，即人的理性预期以及人会依照预期效用最大化的原则来进行决策。前者意味着人们能够迅速处理全部信息并使用贝叶斯理论更新先验信息，得到理性的后验信仰；后者则假设人们在完全理性下以最大化预期效用为目标来做决策。从这两大假设中可以引申出传统金融学的三个基本要素：及时处理全部信息、理性预期、理性风险偏好。而行为金融学则对上述三个要素逐一提出了挑战：

❖ 对于及时处理全部信息，认知学研究表明，人的大脑对信息的处理能力是有限的，存在认知限制，无法对全部信息进行及时有效的处理。

❖ 对于理性预期，行为金融学认为人们的预期并非完全理性，可能会出现诸如过度自信、锚定效应等偏差。

❖ 对于理性风险偏好，行为金融学则指出，人在不确定性下做决策时难以做到完全理性，存在风险偏好偏差，而前景理论以及模糊厌恶比预期效用理论能够更好地描述人如何在不确定下做决策。

人脑的生理结构和知识储备决定了其处理信息能力是有限的，当面临的信息量过大时就会发生认知限制。人是动物，而非机器，在先天遗传和后天环境的影响下形成价值观和态度，人与人之间价值观与态度的差异可能会引发人对已经认知的事物产生各种形式的认知偏差。人们在认知外界事物之后，根据不同的约束条件

（如法律法规、交易成本、信息成本等）和效用函数（风险与收益之间的权衡关系），进行最优化投资决策并实施投资行为。

6.1.1　认知限制

认知限制，是指由于人脑在认知架构和信息处理能力上是有限的，而面临的信息是海量无限的，在进行经济决策时，是以人脑有限的认知能力和分析处理能力，而不是外界给予的所有信息为约束条件来做出决策。在认知限制的约束下，人们通常只能得出次优解，而不是最优解。认知限制对传统经济学和金融学中的理性行为人假设提出了第一个挑战。在基本面量化投资领域，认知限制引发的两个最重要的困难是有限注意力和分类思维。

有限注意力，是指由于人脑对信息进行分析处理的能力是有限的，不能及时处理所有信息，而是倾向于应对自我概念更紧密、刺激性更强、更简单或者更显著的信息。心理学研究表明，投资者的有限注意力与信息的重要性、获取信息的渠道和处理信息的能力紧密相关。比如 Barber 等（2005）发现，人们在购买共同基金时更加容易受到重要的、引人注目的信息的影响。与运营费用相比，投资者对申购手续费和佣金等重要的直接费用更加敏感，他们更加倾向于购买那些通过卓越表现、营销等吸引注意力的基金。

分类思维，是指人类在处理海量混乱信息时将这些信息简化、格式化，并分类处理以便于理解的倾向。分类思维往往会创造错觉，导致错误的决策。分类思维的危害体现在四个重要的方面：

❖ 脸谱化同类别的信息，但忽略同类别信息之间的差异。

❖ 夸大不同类别信息之间的差异。

❖ 歧视或者偏好某些方面的信息。

❖ 将人为制造的类别框架视为恒定不变的。

在基本面分析中，分类思维的一个典型例子是，投资者通常将股票按照行业分类并通过比较相对估值指标来衡量股票是否便宜，但是忽略了相同行业内不同企业之间的差异，比如商业模式、组织结构、经营战略和财务战略等之间的差异。在基本面量化投资中，分类思维的一个典型例子是，投资者通常将股票按照风格分为价值股、成长股、高质量股和小市值股等，他们在判断这些资产时更多的是考虑它们所处的类别，而不是每种资产本身的基本面特征。分类思维通常是造成同类资产发生显著的共同运动一个重要原因。

6.1.2　认知偏差

认知限制聚焦于人脑的分析处理能力，将信息过剩而人脑能力不足作为非理性的原因。事实上，从心理学的角度来看，即便信息能够进入人脑分析处理的能力范围，也会由于一些偏离规范或者理性的系统性认知模式而导致非理性决策。这些偏离规范或理性的系统性认知模式就是认知偏差。个人通常基于其感知、价值观或者态度创造出自己的"主观现实"，这种对现实的构建而不是客观输入，可能决定人的行为，因此，认知偏差有时会导致感知扭曲、判断不准确或者解释不合逻辑等情况。

产生认知偏差的原因有很多，但大致可以归纳为四类，即信息量过载、信息的含义不明确、大脑来不及认真地做出反应以及大脑存不下所有的记忆。严格说来，认知限制是产生认知偏差的一种原因。

到目前为止，心理学界已经发现数百种认知偏差。每一种认知偏差都可能导致投资者做出非理性的决策。我们在表 6-1 中列示了在投资领域最常被关注的一些认知偏差类别以及它们可以通过何种机制来导致股票的价格偏离内在价值的例子。

表 6-1 常见的认知偏差类别及导致股价偏离价值的例子

类别	描述	导致价格偏离价值的例子
过度自信	人们倾向于过度相信自己做出正确决定的能力	新信息发布时，投资者的过度自信引起对事件的过度反应，从而引起股价被高估或低估
保守主义	人们一旦形成观点，就拒绝接受新信息；如果必须改变，那也非常缓慢	投资者可能轻视有关盈利的最新信息，总认为新消息的冲击将在下一个时期反转
代表性启发	人们倾向于根据心理原型来判断具体的例子	投资者倾向于根据少量的盈利信息做出趋势性判断，尽管这个趋势可能本身并不存在
锚定偏差	人们过度依赖于最初信息，不能对新信息做出适当调整的倾向	投资者可能会依据股票历史价格运动趋势来预测未来价格走势
乐观/悲观主义	这是一种与生俱来的本能，人们倾向于根据这种本能而不是事实形成好或者坏的判断	当乐观者或者悲观者的估值信念差异达到一定程度时，卖空约束将导致偏离其价值
归因偏差	大多数人具有的无意或非完全有意地将个人行为及其结果进行不准确归因的现象	公共信息对投资者信心的影响是不对称的，短期内自我强化的归因偏差会使投资者过度自信信念调整缓慢，从而产生惯性效应
可得性启发	人们在分析问题和决策时，倾向于依赖与脑海中最容易想起来的示例	投资者在选择股票时倾向于考虑那些最近引起他们注意的股票，而分析师也倾向于使用最近的经验来判断事件的可能性
确定性偏差	人们倾向于选择性地收集和利用信息来支持自己已有的想法或假设	投资者坚定持有某些资产而忽略与这些资产相关的负面信息
模糊厌恶	人们通常不喜欢生疏环境，因为他们感觉到无法估计不确定事物的概率分布	基金经理更加了解本国股票并高估本国股票市场的收益，从而导致过度投资本国股票

6.1.3 风险偏好

当投资者在完全或者非完全地、有偏地或者无偏地认知客观信息后，在做决策时还会受到风险偏好的影响。对信息的接收和认知仅仅是效用函数中的参数，人的偏好才是决定效用函数形式的关键。一项投资带来的效用大小不仅取决于参数信息，还受到效用函数形式的影响。

前景理论是行为金融应用最为广泛的风险偏好理论。Kahneman和 Tversky（1979）首次提出前景理论的最初形式，他们假定有一个未定权益（$(x,p;y,q)$），即出现结果 x（收益）的概率为 p，出现结果 y（亏损）的概率为 q，人们用以下函数对该未定权益进行效用评价：

$$\pi(p)v(x)+\pi(q)v(y) \tag{6.1}$$

其中，v 为值函数，π 为决策权重函数。

值函数和决策权重函数如图 6-1 所示。

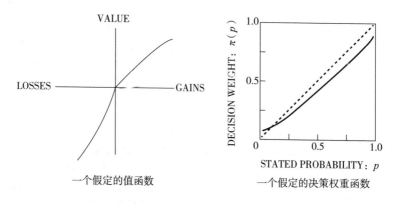

一个假定的值函数　　　　　　一个假定的决策权重函数

图 6-1　前景理论中的值函数和决策权重函数示例

这种值函数刻画了人们在不确定环境下决策的四个重要心理特征：

❖ 人们关注的不只是最终的财富水平，还包括收益和损失。

❖ 对收益是风险厌恶的，但是对损失却是风险喜好的。

❖ 人们是厌恶损失的。

❖ 人们是模糊厌恶的，即对于可能发生的结果赋予更多的权重，并称之为确定性效应。前景理论通过一个完全按照心理试验结果构造出的值函数来刻画偏好，创造性地建立了一种非期望效用的决策目标，成为行为金融的有力工具。

前景理论偏好导致股票定价偏差的一个典型例子是，受其影响的处置效应，即投资者倾向于推迟出售处于亏损状态的股票，同时过早卖掉处于盈利状态的股票现象。市场中的处置效应使投资者对于股票的需求受到了扭曲，对盈利股票的需求过低、对亏损股票的需求过高，从而造成股票价格被低估，而理性投资者的存在及其需求的不完全弹性会引发两类投资者的不断交易，引起股票价格向其基本价值的逐渐回归。这一过程使股票收益出现惯性：过去收益高的股票未来收益将继续较高，过去收益低的股票未来收益将继续较低。

6.1.4 套利限制

有效市场假说有两个核心假定：①假设股票价格反映全部公开可得的信息，一旦有新的信息价格能够迅速调整到位；②所有投资者都是理性的，以最大化预期效用为目标来进行决策。但事实并非如此，一方面，由于信息在不同投资者之间的传递速度不同且不同投资者关注的信息也有差异，这使得人们无法对同样的信息做出相同的反应。另一方面，由于心理、认知等方面的偏差影响，人们的决策行为有时也并非完全理性。因而，市场上必然存在非理性交易者，他们的存在使得股票价格往往偏离期内在价值，即出现错误定价。

如果市场没有摩擦，每当价格偏离价值时，理性投资者就可以利用机会套利并同时修正价格。但是理性投资者利用错误定价进行套利时需要面临以下风险和成本产生的套利限制：

❖ **基本面风险**，是指当某只股票价格大幅偏离价值时，如果理性投资者想要买入或卖空该股票获得无风险收益，他们就需要同时做空或者买入一只基本面与该股票完全相同的股票来对冲基本面风险，但这样的标的在现实中是不存在的。

❖ 噪声交易者风险，是指如果噪声交易者的非理性行为导致价格持续偏离价值，价格不能在理性投资者的投资期限内回归价值，从而使其遭受损失的风险。

❖ 实施成本，包含理性投资者未来寻找出错误定价所必须付出的成本以及建立套利头寸需要支付的成本（如手续费、交易价差等）。这些风险使理性投资者难以充分套利，从而使价格继续偏离价值。

除了以上三类套利限制外，中国市场一些独特的制度，比如卖空管制、"T+1"交易制度以及涨跌幅限制等制度，进一步加剧了中国市场的套利限制。为了考察套利限制对交易策略的影响，一些研究者构建了套利限制因子。专栏6-1展示了我国市场一些制度上的套利限制和一些学者针对中国市场的这些特殊制度设计的套利限制代理变量。

专栏6-1

中国市场上的套利限制及其度量

相对于很多发达地区市场，当前中国股票市场具有一些独特的交易制度，比如卖空管制、"T+1"交易制度以及涨跌幅限制，这些交易制度加剧了中国市场上的套利限制。

我国资本市场在2010年3月开始放开卖空管制，"单边市"正式结束。证监会又分别在2011年11月、2013年1月和9月以及2014年9月四次扩大可卖空股票的范围，最终沪深两市可卖空股票增加至900只。

"T+1"交易制度，简单地说，就是当日买进的股票，要到下一个交易日才能卖出。我国历史上也有过"T+0"制度，即当日买进的股票能够当日卖出。上海市场和深圳市场分别于1992年5月和1993年11月开始实行"T+0"制度，但是由于投机交易过于盛行，1995 年 1 月开始，两市同时取消了"T+0"制度，转而开始实行"T+1"交易制度。

目前，我国对在不同交易所上市的、不同类别以及不同板块的股票分别设置了不同的涨跌幅限制。主要内容如下：

❖ 主板、中小板股票的涨跌幅限制为 10%。

❖ 创业板和科创板的涨跌幅限制为 20%。

❖ ST 和 *ST 的股票涨跌幅限制为 5%。

❖ 创业板 300 开头的 ST 股票涨跌幅限制为 10%。

❖ 新股上市，创业板和科创板的涨跌幅是前五个交易，不设涨跌幅限制，而上海主板、深圳主板、中小板涨跌幅限制为 44%。

❖ 北京证券交易所上市首日不限制，从次日起涨跌幅限制为 30%。

❖ 对于一些特殊情形不设涨跌幅限制：①增发股票上市当天；②在股改后的股票达不到预期指标时，追送股票上市当天；③某些重大资产重组股票（如合并、复牌等）上市当天；④退市股票恢复上市首日。

学界主流的套利限制代理变量通常包含股票流通性、交易量以及分析师覆盖三个指标。但是研究国内市场时，鉴于国内市场这些独特的制度，Gu 等（2018）新增了是否沪深 300 成分股、是否可以做空以及是否触碰涨跌停板三个指标，具体做法如下：

❖ 如果一只股票在第 t 个月至少一次触碰涨跌停限制，则赋值为 1；反之赋值为 0。

❖ 如果一只股票在第 t 个月是沪深 300 成分股，则赋值为 1；反之赋值为 0。

❖ 如果一只股票在第 t 个月能够被做空，则赋值为 1；反之赋值为 0。

❖ 如果一只股票在第 t 个月的流动性大于截面数据的中位数，则赋值为 1；反之赋值为 0。

❖ 如果一只股票在第 t 个月的成交量小于或等于截面数据的中位

数，则赋值为 1；反之赋值为 0。

❖ 如果一只股票在第 t 个月的分析师覆盖次数小于或等于截面数据的中位数，则赋值为 1；反之赋值为 0。

❖ 利用前面六个指标的平均值作为中国股票市场套利限制的代理变量。

由于六个方面的指标都是虚拟变量，要么取值为 0，要么取值为 1，因此，最终的套利限制指标介于 0 和 1 之间。套利限制指标越大，表明股票受到的套利限制程度越强；反之，则表明受到的套利限制程度越弱。

6.2 投资者非理性行为偏差

投资者的非理性行为在一段时间内会直接反映在股票价格上，所以行为偏差会系统地影响股票价格。在行为模型中，收益联动可能源于股票错误定价的共性（Barberis & Shleifer，2003），或者投资者在解释基本经济因素信号时的共性错误（Daniel et al.，2001）。由于随后的修正，错误定价可以预测未来回报，这意味着可以使用一些行为因素来抓捕投资者行为偏差对股票价格的影响。

6.2.1 短期行为偏差

对公开信息关注不够的投资者可能对新信息（如季度发布的财务报告或者其他经营信息）反应比较迟缓。部分投资者没能完全地将最新的偏离预期盈利信息考虑在内，会导致他们对意外盈利的反应不足，进而导致他们对股价的反应不足。但是这些错误的定价，将会随着后续经营和财务信息的发布在一个比较短的时期内得到纠正。

　　有限注意力导致投资者的反应不足，但是随着后续更新的信息发布，投资者可能就会进行相应的调整，因此，有限注意力引起的价格偏差是一种短期的定价偏差。新信息出现时机的显著程度和处理新出现信息的难易程度可以作为衡量有限注意力的一个切入点。当前很多研究利用盈余惯性（Post-Earnings Announcement Drift，PEAD）作为短期内由于投资者反应迟缓导致的定价偏差的度量。

　　盈余惯性，描述的是人们对新的基本面信息反应不足，造成价格无法迅速对其反应到位，而是会在盈余公告之后继续发生偏移的现象。关于盈余惯性，学界还有一些非常有意思的发现。DellaVigna 和 Pollet（2009）发现，如果业绩公告出现在星期五，随之而来的盈余惯性现象会更加显著。他们猜测，由于星期五临近周末，投资者的注意力比平时更加不足，更加无法对业绩信息做出足够的反应，造成显著的盈余惯性异象。另外，Hirshleifer 等（2009）发现多家上市公司同时发布财报时，由于投资者无法处理同时涌现的多家公司的大量新信息，盈余惯性更加显著。

　　一个最典型的盈余惯性的度量方式是，采用新盈余信息发布前后一段时间股票的累积异常收益率来衡量，其表达式如下：

$$CAR_i = \sum_{d=-d_1}^{d=d_2} \left(R_{i,d} - R_{m,d} \right) \tag{6.2}$$

　　其中，i 表示第 i 只股票；CAR_i 表示股票 i 的累积异常收益率；$R_{i,d}$ 表示股票 i 在其最近一个披露窗口内第 d 天的收益率，$R_{m,d}$ 表示股票市场的同期收益率；d_1 和 d_2 是整数，分别表示最新信息披露前和后统计累积异常收益率的天数。

　　虽然盈余惯性已经被广泛地用来度量由于投资者反应迟缓导致的定价偏差，但在这么做时，必须注意以下几个方面的问题：

❖ **应当采用新信息发布前后多长时间的累积异常收益率合适？**

Daniel 等（2020）采用了新信息发布前2天到发布后1天，共计4天的累积异常收益率，而国内一些较早期的研究采用新信息发布前后5天、新信息发布后30天、60天或者6~100天的累积异常收益率（于李胜和王艳艳，2006；孔东民，2008；于忠泊等，2012）。但是依据我们近几年在A股市场上的观察，通常是新消息发布前1~2天到发布后3~4天股价出现异常波动，然后回归原来的运动趋势。

❖ 什么是最新的盈余信息？这涉及两个问题：①大多数量化投资研究都采用最新披露的财报作为事件，但在实际的基本面分析中财报信息变得越来越不重要，投资者们更多地转向非会计准则要求的产品信息、战略信息、客户信息等与未来盈余紧密相关的信息，而不是评价经营历史状况的财务数据。②在事前很多投资者都会对企业未来的盈利产生预期，只有未预期到的盈余变动才会真正影响投资者对股票的价值信念，进而影响股票的价格。

❖ 盈余漂移到底抓取了什么因素？盈余漂移是一个综合的指标，不仅抓取了有限注意力导致的投资者反应迟缓，而且还涵盖了不同投资者之间对股票价值信念的差异，甚至包含了模型误设等信息。

6.2.2 长期行为偏差

一些非理性行为能够引起更加持久的定价偏差，比如投资者对他们的私人信息过度自信。由于对私人信息的过度自信，投资者可能会偏执地相信自己的价值信念，从而不太可能因为一些后续新信息的发布而调整自己的定价。由于这种持久性与价值效应紧密相关，产生的价格偏差通常可能会持续很长时间。

相对于投资者来说，公司的管理者拥有更多的关于公司基本面的真实信息，他们有独特的视角和能力去对比公司股票内在价值和市场价格间是否存在不被其他投资者发现的错误定价，一旦他们确认公司股票存在价格和价值上的显著差异，他们就有可能择时对本公司股票进行套利交易。如果投资者足够理性，那么，他们能够充分利用隐含在公司股票回购和增发中的信息。有经验证据表明，平均而言，在公司增发股票之后会出现较长期负的异象；而在公司回购股票之后，通常会出现正的非正常收益。因此，可以基于公司增发或者回购股票的行为来抓捕由投资者行为产生的长期定价偏差。

根据以往文献，通常有两种方式来度量股票的增发或回购：

❖ 一个常用的度量公司增发或者回购股票的指标是，公司在一定时期内的净股票发行额（Net Share Issuance，NSI），其计算公式如下：

$$NSI_t = \ln\left(SASO_{t-t_1}/SASO_{t-t_2}\right) \tag{6.3}$$

其中，$SASO_{t-t_1}$ 和 $SASO_{t-t_2}$ 表示在 $t-t_1$ 和 $t-t_2$ 时期经分拆调整的发行在外股票，等于发行在外普通股股数乘以分拆调整因子；t_1 和 t_2 是整数，Greenwood 和 Hanson（2012）以及 Daniel 等（2020）分别将其取值为 1 和 2，表示在前两期公司的股票净发行额。

❖ 另一个常用的度量公司增发或者回购股票的指标是，公司在一定时期内的复合新股发行（Composite Share Issuance，CSI），其计算公式如下：

$$CSI_t = \ln\left(ME_t/ME_{t-T}\right) - \ln R_{t-T,t} \tag{6.4}$$

其中，ME_t 表示第 t 期末的市值，ME_{t-T} 表示第 $t-T$ 期末的市值，$R_{t-T,t}$ 表示从第 $t-T$ 期到第 t 期累积收益率。

任何形式的股票发行，比如新增发行、员工股票期权行权、股权融资收购，都会增加发行量；而股票回购、现金股利以及其他公司向外支付现金的活动都将减少发行量。股票拆分、以股票形式支付股利等行为却不会影响市值和收益率，从而不会影响发行额。

我们基于公司回购或增发股票事件来构造度量投资者长期非理性行为偏差的潜在假定是，管理层跟普通投资者一样，在利用自身的信息优势获取"赚钱"的机会。因此，在基于股票增发或者回购来构建代理变量抓捕非理性投资者长期行为偏差时，也必须注意以下一些重要问题：

❖ 公司回购股票的动机到底是什么？管理层回购股票的动机有很多，比如，①传递关于公司未来盈利能力或成长能力的信号；②调整企业资本结构、提高每股收益、进行股利替代、减少个人红利所得税等；③降低委托代理成本，包括降低自由现金流量、对抗敌意收购、转移债权人财富、用于股权激励等。因此，在考察公司回购时，还必须关注相关公告、管理层持股变化、公司财务资源以及资本结构等方面的情况，以确定公司回购股票的真正原因。

❖ 公司增发股票的动机到底是什么？管理层增发股票的动机也有很多，比如，①公司财务紧张，需要为新的投资机会融资或者补充流动资金；②调整资本结构，如果一些增发股票的手段（比如定向增发）的融资成本更低，那么，公司可能通过定向增发来降低企业的杠杆比率；③便于大股东进行财富控制和转移。因此，同样地，在考察公司增发股票时，也要留意相关公告、增发的对象、公司财务状况、资本结构、新产品或新项目等状况，以确定公司增发股票的真正原因。

❖ 构造的行为因子到底应该抓取多长时间尺度的行为偏差？Daniel 等（2020）等权重地利用五年窗口期的 CSI 和一年窗口期的 NSI 构造了一个复合融资因子（FIN）来抓捕长期行为偏差，而另一些研究（刘跃，2021）直接采用了五年窗口期的 CSI。这些窗口期限的设置具有主观性，并无太多经验依据。通常情况下，中国的经济周期一般为 8~10 年，企业的营业周期在 3 个月到 4 年不等，企业的公司层战略周期通常为 3~5 年，但几乎每年都会进行战略调整，因此，过长的窗口期可能发生很多管理层也无法预期的事件，而过短的窗口期可能会与短期行为偏差相冲突。

专栏 6-2 展示了刘跃（2021）基于 Daniel 等（2020）的研究分别利用五年窗口期的 CSI 和 4 天窗口期的盈余漂移来构建中国

市场上长期和短期行为因子的例子。

专栏 6-2

中国市场上的长期和短期行为因子

刘跃（2021）在 Daniel 等（2020）研究的基础上，构建了中国市场上长、短时间期限行为因子，并使用 1997 年 1 月 1 日至 2020 年 12 月 31 日 A 股市场量价交易数据进行定价效率的检验。

他使用 A 股上市公司 5 年复合股权发行量作为排序变量，用来衡量由于投资者过度自信造成的对股票长期错误定价的偏差程度，优化构建了长期行为因子。具体过程如下：

（1）在每年 5 月，根据上市公司 5 年内市值增加额的对数值减去 5 年内复合收益率的对数值，计算沪深两市参与交易的所有 A 股上市公司股票在过去 5 年内的复合股权发行量（CSI）。

（2）以股票池中所有公司 CSI 的 20% 分位数和 80% 分位数为界，将所有股票划分为 L、M 和 H 组。

（3）以所有 A 股上市公司市值规模中位数为界，将所有股票分为 S 和 B 组。

（4）按照市值加权的方法构造四个投资组合 SJ、BL、SH、BH，并计算每个组合的月度收益率。

（5）最终，长期行为因子（LTBF）被定义为：

$$LTBF = \frac{1}{2}(R_{SL} + R_{BL}) - \frac{1}{2}(R_{SH} + R_{BH}) \qquad (6.5)$$

其中，R_k 表示组合 k 的月度收益率，$k \in \{SL, BL, SH, BH\}$。

他使用每次财报披露前 2 天到披露后 1 天的窗口期计算的累积异常收益率来衡量盈余漂移，并以此为基础构建短期行为因子，具体过程如下：

（1）以每次财报披露前 2 天到披露后 1 天的窗口期，在 $t-1$

月计算每只股票的累积异常收益率 CAR。

（2）分别以股票池中所有公司 CAR 的 20% 分位数和 80% 分位数为界，将所有股票划分为 L、M 和 H 组。

（3）在 t 月初以公司在 $t-1$ 月末市值规模的中位数为界，将所有股票分为 S 和 B 组。

（4）按照市值加权的方法构造四个投资组合 SL、SH、BL、BH，并计算每个组合的月度收益率。

（5）最终，定义短期行为因子为：

$$STBF = \frac{1}{2}\left(R_{SH} + R_{BH}\right) - \frac{1}{2}\left(R_{SL} + R_{BL}\right) \tag{6.6}$$

其中，R_k 表示组合 k 的月度收益率，$k \in \{SL, SH, BL, BH\}$。

实证研究显示，长期行为因子的因子载荷对个股收益未来走势有积极显著的预测能力，稳定性检测中，在控制了 7 个类别的 24 个常规异象变量后，预测能力依然积极稳健，但短期行为因子的因子载荷却不具备同样的预测个股收益的能力。

6.3 投资者情绪

投资者情绪是行为金融和资产定价研究领域的重点研究内容，大量研究表明投资者情绪可以使公司股价偏离它们的基本面价值。投资者情绪研究的难点与重点在于如何衡量投资者情绪。目前主要有两种方法来衡量投资者情绪：

❖ 一是通过问卷调查或者文本分析等形式直接调查投资者对未来市场行情的预期，得到投资者情绪的主观指标。这种方法获得的事前情绪指标能够直接反映投资者心理特征。根据调查或研究的内容不同，这种方法也分为两种：①基于投资者对股票市场未来行情走势的判断，如投资者智能指数、央视看盘、好淡指数等；②侧重于投资者对未来经济和投资前景所持有的乐观、悲观看法或信心状况，如投资者信心指数、消费者信心指数等。

❖ 二是采用市场交易公开统计数据，如交易量、IPO 发行量以及基金折价等构造客观或间接指标。这种方法获得的事后情绪指标能够间接或侧面地反映投资者心理特征，而且能够剔除投资者产生了某些情绪但最终并未将这些情绪付诸实际交易行为的可能。

下面着重介绍四个投资者情绪指标以及它们的构造方法。第一个是最经典也是应用最为广泛的指标，即 BW 指数；第二个和第三个是在 BW 指数基础之上，经过研究者改造之后更加适合中国市场的 CICSI 指数和 OISI 指数；第四个是中国情景下的媒体文本情绪指数。其中前面三个指数属于事后的间接客观指标，最后一个指数属于事前的直接主观指标。

6.3.1　BW 指数

关于投资者情绪及其对未来收益预测能力的研究兴起于 20 世纪 80 年代后期，Baker 和 Wurgler（2006）是其中的集大成者。他们的研究采众家所长，利用封闭式基金折价、纽交所股票换手率等 6 个指标构建了一个综合性投资者情绪指标，这个指标通常被称为 BW 指数。不论在学界还是业界，BW 指数都被广泛地认可和应用。

Baker 和 Wurgler（2006）构建投资者情绪指数的具体步骤如下：

第一步，选择六个指标的 t 期和 $t-1$ 期滞后项共 12 个变量，通过主成分分析方法提取它们的第一主成分构建一个临时指数，它是前述 12 个变量的线性组合。

第二步，对每一个指标分别计算其当期和其滞后项与临时指数的相关系数，选择出相关系数较高的当期指标或期滞后指标，从而得到 6 个变量，然后使用这 6 个变量的第一主成分相关矩阵来构建 BW 指数。

第三步，为了剔除宏观经济周期的影响，用第二步中选择出的 6 个变量作为因变量，分别对工业生产指数、耐用品、非耐用品和服务的增长率以及 NBER 经济衰退虚拟变量进行回归，然后用得到的残差来构建剔除宏观经济周期影响后的 BW 指数。

表 6-2 列示了 Baker 和 Wurgler（2006）最终采用的变量、变量的定义、BW 指数的参数以及剔除宏观经济周期影响之后 BW 指数的参数。

表 6-2　BW 指数变量、定义及相关参数

变量	定义	BW指数参数	剔除经济周期影响后的BW指数参数
$CEFD_t$：封闭式基金折价率	封闭式基金的净值同交易价格的平均差异	−0.241	−0.198
$TURN_{t-1}$：纽交所股票换手率	去趋势的对数换手率	0.242	0.225
$NIPO_t$：IPO公司数量	当年IPO公司数量	0.253	0.234
$RIPO_t$：IPO公司上市首日平均收益率	当年IPO公司上市首日收益的算术平均值	0.257	0.263
S_t：新发行证券中的股权融资占比	当月总体股权融资金额和股权融资和长期债务发行总额之比	0.112	0.211
P_{t-1}^{D-ND}：股利溢价	发放股利公司同不分红公司账面市值比的对数差	−0.283	−0.243

资料来源：Baker 和 Wurgler（2006）。

6.3.2　CICSI 指数

在 Baker 和 Wurgler（2006）的基础上，易志高和茅宁（2009）

基于中国市场 1999 年 12 月至 2007 年 8 月的数据，采用与之相似的方法构造了能够反映中国股票市场投资者情绪变化的 CICSI 指数。他们的研究与 Baker 和 Wurgler（2006）的区别主要体现在以下几个方面：

❖ 用新增投资者开户数和消费者信心指数替换 BW 指数中的股权融资占比和股利溢价两个指标来构建基本情绪指数（CICSI）。

❖ 在构建临时指数时，用主成分分析法提取变量的第 1~5 主成分以包含更多的信息，但这种做法会降低第一主成分的占比。

❖ 在控制居民消费价格指数、工业品出厂价格指数、工业增加值和宏观经济景气指数等宏观变量的条件下，构建控制宏观经济因素影响后的情绪指数（CICSIr）。

表 6-3 列示了易志高和茅宁（2009）构建 CICSI 指数时采用的变量、变量的定义以及估计出来的 CSCSI 指数和控制宏观经济因素后 CSCSIr 指数的参数。值得注意的是，与 Baker 和 Wurgler（2006）不同的是，易志高和茅宁（2009）的结果中封闭式基金折

表 6-3　CICSI 指数变量、定义及相关参数

变量	定义	CICSI参数	CICSIr参数
$DCEF_t$：封闭式基金折价率	当月沪深两市公开发行的封闭式基金折价率加权平均值	0.231	0.223
$TURN_{t-1}$：交易量	前一个月沪深两市月交易量除以沪深两市流通市值	0.224	0.329
$IPON_t$：IPO公司数量	当月以发行公告日为基准统计的IPO数量	0.257	0.272
$IPOR_t$：IPO公司上市首日平均收益率	当月以发行流通股为权重计算的上市首日收盘价与发行价之间差价的加权平均值	0.322	0.313
NIA_{t-1}：新增投资者开户数	前一个月新增投资者开户数的自然对数	0.405	0.392
CCI_t：消费者信心指数	当月国家统计局发布的消费者信心指数	0.268	0.252

资料来源：易志高和茅宁（2009）。

价率符号为正，其原因在于两个研究计算封闭式基金折价率的方式不同。前者采用净值减去市值，而后者计算方法正好相反。

6.3.3 OISI 指数

不论是 BW 指数还是 CICSI 指数，尽管在采用主成分分析法构建投资者情绪指数时采用的指标各不相同，但它们主观随意性都很强，对入选指标并未按照一定的标准进行合理性甄别，对选用指标的个数也未做出优选。复合投资者情绪指数的构建不应当采用某几个凭主观分析得到的单一情绪测度指标，而是应采用一定的科学方法首先对众多备选的单一情绪测度指标进行优选，然后再基于优选出的情绪测度指标，通过主成分分析法或者其他方法来构建反映除整体市场情绪外的综合情绪指数。

刘学文（2019）基于中国市场 2005 年 1 月到 2015 年 12 月的数据提出了一套投资者情绪测度指标优选方法（倒金字塔滤网模型），并构建了另一个适合中国市场的复合投资者情绪指数，即 OISI 指数。其具体过程如下：

（1）根据开放性原则，尽可能地将所有可能与投资者情绪相关的指标（62 个）纳入备选指标库。

（2）根据可得性原则，剔除数据不可得或者不连续的无效指标，保留连续可得且具有文献出处的 33 个月度指标。

（3）通过相关性分析剔除 11 个无关指标，保留与上证综指收盘价或者上证综指收益率相关的 22 个指标。

（4）通过主成分分析法，依据特征根大于或接近于 1 的原则确定 6 个测定投资者情绪的维度。

（5）利用聚类分析和变异系数法，在每一维度优选出信息含量最大、最具代表性的指标。

他们最终确定新增开户数、上证综指收益率、封闭式基金折价率、IPO 流通股数加权平均收益率、居民消费价格指数和换手率的一阶差分共 6 个指标。利用这 6 个指标，按第一主成分构建的长期投资者情绪指数计算公式如下：

$$OISI = 0.72NA - 0.163DCLOSE + 0.452DCEF + 0.76IPOR +$$
$$0.662CPI - 0.51DTUR \tag{6.7}$$

其中，NA 表示新增开户数，$DCLOSE$ 表示上证综指收益率，$DCEF$ 表示封闭式基金折价率，$IPOR$ 表示 IPO 流通股数加权平均收益率，CPI 表示居民消费价格指数，$DTUR$ 表示换手率的一阶差分。

BW 指数和 CICSI 指数的构建过程更加注重投资者情绪背后的行为金融学理论，而 OISI 指数则更加注重对数据的挖掘、筛选和使用过程。OISI 指数与上证综指的相关程度更高，而且与中国股票市场上牛熊市的吻合度也更高。但是 OISI 指数的弱点在于采用的变量都是当期值，这并不便于预测未来的投资者情绪。

6.3.4 媒体文本情绪指数

前面三个投资者情绪指数都是事后的间接客观指标，虽然事后的间接指数与实际交易数据关系更加紧密，但是样本外预测能力较差，而且由于受到数据可得性的影响，得到的情绪指数频次也较低。随着人工智能技术的发展，文本情绪分析方法为投资者情绪领域相关研究开创了广阔的新空间。

姜富伟等（2021）基于我国中文财经新闻文本，在 Loughran 和 MacDonald（2011）词典的基础上通过人工筛选和 word2vec 算法扩充，构建了一个中文金融情感词典，并利用该词典计算了 1992 年 10 月至 2017 年 7 月我国财经媒体文本情绪指标，用来度量我国股市投资者情绪的变化。他们的具体做法如下：

（1）对新闻文本进行分词处理，去除停用词，并利用情感词典筛选出所有的情感词语。

（2）假设情感词只受到在其之前的词汇影响，将从前一个情感词之后开始到该情感词为止作为一个情感单元，因此，一个基本情感单元包含一个情感词及其前面的否定词。

（3）赋予情感得分，将积极词权重设为 1，消极词权重设为 -1，否定词的权重为 $(-1)^n$，其中 n 为否定词出现的次数。

（4）最终，一篇媒体文章情绪的计算公式如下：

$$SENTIMENT = \frac{\sum_{i=1}^{N}(-1)^n W_i}{N} \tag{6.8}$$

其中，$SENTIMENT$ 为一篇文章的情绪值；N 为文章中的情感单元总数；W_i 为情感词权重，积极词和消极词分别取值 1 和 -1；n 为情感单元中否定词出现的次数。

实证研究表明，金融词典文本情绪能够比较准确地刻画出 1992 年 10 月至 2017 年 7 月各主要事件期间（1996 年十二道金牌牛市、2008 年全球金融危机、2008 年四万亿计划刺激市场以及 2015 年股灾等）的情绪变化。此外，媒体文本情绪指数在月度和日度频次上，还具备较好的样本外股票整体市场的回报预测能力。

媒体文本投资者情绪指数具有很多优势。文本数据规模大，从海量数据中提取情绪信息有利于减少测量误差。媒体文本情绪属于主观指数，能够直接测量投资者的情绪。文本数据频率高，有助于我们构建日频甚至分频等更高频的情绪指数。当然，文本情绪更有吸引力的地方在于，我们可以结合一定期间内文章数量和文章体现的情绪来为个股构造截面上的情绪指数，这将更加有利于构建量化投资模型。

6.4 动量效应

动量效应（Momentum Effect）又称"惯性效应"，人们通常将其定义为股票收益率有延续原来运动趋势，股票过去一段时间的表现与将来一段时间的表现正相关的现象。动量效应是长期以来最稳健的市场异象，在国外资本市场普遍存在，甚至 Fama 和 French（2008）将其称为"首要的异象"。关于动量效应成因，到目前尚未形成共识。大部分传统金融学研究认为，动量效应的本质是风险溢价，但是诸多实证研究却发现风险对动量效应的解释能力很弱。而行为金融学理论认为，动量效应是由投资者保守性倾向、代表性偏差、对公共信息反应不足以及对股票价格概率分布的不确定性和异质性价值信念等因素造成的。因此，动量效应是一个抓捕了很多影响股票价格因素的综合变量。

6.4.1 总收益动量

6.4.1.1 总价格动量

最经典、运用最广泛的动量度量方法莫过于 Jegadeesh 和 Titman（1993）提出的方法。这种方法在国内外的学界和业界被普遍认可和使用。他们采用的衡量指标是股票过去 J 个时期累积收益率作为价格动量指标，这里的 J 常常被称为观察期或者形成期，根据策略和所应用的市场不同，J 可以被设置成任意合适的时长。由于收益率直接来自股票的价格，而股票价格包含了所有的信息，因此，人们常常将这种直接使用股票价格计算的动量指标称为总收益动量。Jegadeesh 和 Titman（1993）衡量动量的方式比较原始，而且应用十分广泛，人们也常常称之为传统动量指标。在传统动量指标中，投资者的锚点是观察期股票的累积收益率。

6.4.1.2 价格高点距离

另一种应用比较广泛的总收益动量衡量指标是 George 和 Hwang（2004）提出的价格高点距离。价格高点距离来自技术分析流派常用的通道突破思想。在技术分析中，通道突破应用十分广泛，比如经典的布林带系统和肯特纳通道。通道突破的基本原理是，先通过某种方式设置上下两条轨道，如果最新股价突破上轨道则看多，如果最新价跌破下轨道则看空。

基于通道突破的思想，George 和 Hwang（2004）将锚点设置为过去 52 周最高价，用当前最新价与最高价之间的距离作为动量指标，其基本公式如下：

$$DIS = \frac{P_t}{P_{max}} \qquad (6.9)$$

其中，DIS 表示价格高点距离，P_{max} 表示过去 52 周最高价，P_t 表示当前最新价。

投资者将过去 52 周最高价作为一个锚点，如果当前价格超过这个锚点，则认为未来价格可能会更高；反之，则未来价格可能会持续下跌。George 和 Hwang（2004）的实证研究结果表明，价格高点距离指标包含了传统动量指标信息，是一个更加可靠的动量指标。当然，投资者可以根据不同市场的具体情况，选取过去任意合适市场的最高价来构造合适的价格高点距离。

6.4.2 局部动量

6.4.2.1 残差动量

经典的多因子定价模型表明，股票收益率取决于一些因子，比如市场、价值、规模等，这些因子的风险溢价是动态变化的，因此，会干扰到总收益率动量指标的表现。如果在观察期这些因子发生变化，因子收益率发生反转，也必然将引起总收益动量指标的损失。

基于这些分析，Blitz 等（2011）利用剔除风格因子影响之后的残差构造了一个动量因子，即残差动量。他们利用 36 个月的滚动窗口回归拟合如下模型，计算残差收益率：

$$r_{i,t} = \alpha_i + \beta_{1,i}RMRF_t + \beta_{2,i}SMB_t + \beta_{3,i}HML_t + \varepsilon_{i,t} \tag{6.10}$$

其中，$r_{i,t}$ 是股票 i 在第 t 个月相对于无风险利率的超额收益率；$RMRF_t$、SMB_t 和 HML_t 分别是第 t 个月 Fama 和 French（1993）模型中市场、规模和价值的因子模拟投资组合的超额回报；β_1、β_2 和 β_3 分别是待估参数；$\varepsilon_{i,t}$ 股票 i 在第 t 个月的残差收益率。为了剔除噪声干扰，他们还进一步将残差收益率进行标准化处理，然后用来作为动量的衡量指标。

利用标准化后的残差收益率作为动量指标，不仅剥离了传统动量对系统风险的敞口，可以在不同的经济环境下获得更加稳健的收益，而且还能在一定程度上反映中期动量效应和长期反转效应。

6.4.2.2 左尾动量

从收益率的分布来看，左侧代表损失和风险，也存在动量效应，即左侧收益率越大的公司未来表现越好，左侧收益率越小的公司未来表现越差。Atilgan 等（2020）认为，投资者对尾部风险或者坏消息往往反应不足，导致尾部动量得以持续，尤其是散户占比较大的公司，这一效应更加明显。

他们使用两种方式来衡量左尾动量：

❖ 第一种是在险价值（Value at Risk，VAR），即在一定时间窗口内给定的概率下有多少投资价值会遭受损失。他们利用过去一年股票日收益率 1% 或者 5% 的 VAR 的绝对值来衡量左尾动量，数值越大说明左尾动量越大。

❖ 第二种是预期损失（Expected Shortfall，ES），即在一定时间窗口内超过 VAR 阈值的条件期望损失。比如给定 VAR 损失的概率为 1%，那么，预期损失就是在最坏的 1% 分位数下的平均股票收益率。同样地，他们也分别采用了过去一年 1% 或 5% 分位数下预期损失的绝对值来衡量左尾动量，数值越大说明左尾动量越大。

虽然左尾动量聚焦于投资价值损失的那部分，但是究其最初的来源还是整个股票的价格，其中仍然包含股票中所有基本面和非基本面的信息，从某种意义上来说仍然是一种总收益动量的概念。

6.4.3 相似动量

前面两类动量都是以自身历史股价作为锚点，而风格投资观点表明在一定时期内具有相似特征的股票价格运动往往具有相似规律。He 等（2021）从这种想法出发，研究了相似股票历史价格对股票价格的预测作用。

他们利用经过标准化处理的价格（Prc）、市值（$SIZE$）、账面市值比（BM）、营业利润率（OP）、总投资（INV）这五个维度的特征构成的欧式距离来定义相似公司。在每一期第 i 和第 j 个公司的欧式距离 $D_{i,j}$ 的计算公式如下：

$$D_{i,j} = \sqrt{(Prc_i - Prc_j)^2 + (SIZE_i - SIZE_j)^2 + (BM_i - BM_j)^2 + (OP_i - OP_j)^2 + (INV_i - INV_j)^2}$$

$$(6.11)$$

其中，价格是每家公司每个月末的股票价格；市值采用每年 6 月末每家公司市值的对数；账面市值比采用上一财年末权益账面价值除以当年 6 月末公司市值，权益账面价值等于股东权益账面价值加递延税收和投资税减免再减去优先股账面价值；营业利润率等于上一年的毛利润，与销售和一般管理费用以及利息费用之间的差值，除以上一年的权益账面价值；总投资等于上一财年末总资产与上上财年末总资产的差值除以上一年 6 月末的总资产。

与第 *i* 家公司的欧式距离最近的 50 家公司被定义为它的相似公司。然后利用这 50 家相似公司过去一个月市值加权平均收益率来预测公司未来股票收益率。实证研究表明，利用相似公司过去股票收益率构建的多空组合能够获得 1.25% 的月度 CAPM 阿尔法和 0.85% 的 Fama–French 六因子阿尔法，并且在控制一系列风格因子和股票特征后，包括传统的动量因子和反转因子，预测能力依然有效。

即便 He 等（2021）并没有直接将相似股票过去一段时间的历史平均收益率称为一种动量，但其本身已经包含了通常动量的内涵。这个相似动量实际上是在一定程度上抓捕了由投资者分类思维引起的定价偏差。虽然它们的相似动量很有新意，但其理论基础是资本资产定价模型，如果将其理论基础调整为估值理论，即从现金流、增长预期和风险几个维度来构建相似动量，那么，不仅与本书的思想更加贴合，也可能会产生让人意想不到的结果。

6.4.4　A 股市场的动量效应

动量效应在欧美发达国家以及很多新兴国家证券市场普遍存在，在 MSCI 的所有风格因子中，动量因子也是年化收益率和夏普比率最高的产品之一。

尽管我国基金投资也普遍采用动量策略，但学者在对 A 股市场动量效应的检验中，对动量效应存在性的结论存在一定争议（王永宏和赵学军，2001；鲁臻和邹恒甫，2007；刘博和皮天雷，2007；潘莉和徐建国，2011；高秋明等，2014；陆蓉等，2021；段丙蕾等，2022）。我们将学界基本达成一致的研究结论总结如下：

❖ 如果利用月度数据，在中长期没有显著的总收益动量效应，只存在行业动量效应。

❖ 在短期或超短期，即利用周频或日频，甚至日内数据，存在比较显著的动量效应。

❖ 国内目前绝大多数验证动量效应是否存在的文献采用的是总价格动量的概念，而其他定义的动量效应在 A 股市场上是否存在还有待研究。

现有研究将 A 股市场中长期动量效应不显著的主要原因归咎于 A 股市场存在一些区别于欧美发达市场的独特特征和一些制度约束，比如：

❖ 中国市场不成熟、散户占比较高，导致市场交易换手率较高，进而导致中长期的动量效应不显著。

❖ "T+1" 交易制度导致的日内收益动量与隔夜收益动量之间的相反作用抵消了总体收益的动量效应。

❖ A 股投资者存在彩票型股票（以极低的概率出现极高收益的股票）偏好，这会推高当前股价并降低未来收益，该收益反转特征会减弱动量效应。

尽管已经有大量文献研究中国股票市场的动量效应，但主要集中于讨论总价格动量，而对于价格高点距离、残差动量、左尾动量以及相似动量等方面的研究还有待进一步探索。因此，就目前的研究结论来看，在将动量效应纳入基本面量化投资模型时，必须小心谨慎，尽可能地采用认同度较高的结论，比如在月频交易策略中最好避免使用总价格动量，可以采用一些行业动量，而在构建周频以及更短频度的策略时，应当充分关注短期的动量效应。

7

构建基本面量化投资策略

在本书中，我们将基本面量化投资定义为，利用数量化分析技术，批量化地实现和推广以基本面分析为基础的投资策略。换句话说就是，在时间序列或者横截面上，批量化地实现基本面分析评估来评估样本中所有股票的相对价格或者内在价值，并买入被低估的股票或卖空被高估的股票，以赚取超额收益。

我们在前面几章已经展示了如何构建基本面量化投资策略的价值组件和非价值组件，本章将集中讨论如何将这些组件整合起来构建一个基本面量化投资策略。本章安排如下：7.1，主要介绍构建基本面量化投资策略的流程。7.2和7.3，分别基于静态和动态的相对价格评估模型和内在价值评估模型讨论如何构建基本面量化投资策略。7.4，主要讨论基本面量化投资策略的稳健性。7.5，展示了一些基本面量化投资策略案例。

7.1 构建基本面量化投资策略的流程

在构建基本面量化投资策略之前，我们非常有必要了解企业的经营实质。企业起源于一些商业创意，商业模式将这些抽象的创意具体化，商业战略将商业模式转变成可执行的行动计划，然后管理者通过在产品市场和资本市场上一系列的决策和行动来实施商业战略，最终实现为股东创造价值的目标。在这个过程中，企业在监管部门的要求下依据一定的会计准则记录其在两个市场上的活动。然而，这些会计数据并不利于投资者的使用，需要将它们转换为投资信息。

除了企业的经营实质，我们还必须了解股票价格的决定机制。从本质上来说，股票是企业所有权的凭证，一定数量的股票代表着相应份额的所有者权益，因而股票价格原则上应当等于其内在价值。但是市场并非有效的，而是处于一种弱有效的状态，由于受到认知限制、心理偏差、风险偏好以及套利限制等内在和外部因素的影响，股票价格还受到理性投资者的异质性价值信念和非理性投资者行为的影响。

在理解企业的经营实质和股票价格的决定机制之后，再结合前面几章内容提供的各个部件，我们就可以构建基本面量化投资策略了。这个过程可以简单地描述为：

（1）通过观察现象、与人交流、阅读文献或者深入思考等方式产生灵感，并在文献评估的基础上形成初步的研究设计。

（2）分析并构建价值组件来抓取股票价格中包含的价值因素。这既可以基于相对价格评估模型，也可以基于内在价值评估模型来实现。但无论如何，其核心内容都是准确评估企业的现金流、增长机会与风险。关于如何科学、准确地评估并量化这三个重要的价值组件，可以参见第 3 章至第 5 章的内容。

（3）分析并构建非价值组件来抓捕股票价格中除了价值之外的因素。非价值因素有很多，比如投资者的行为偏差、偏好和情绪等。关于如何抓捕这些价值之外的因素，可以参见第 6 章的内容。

（4）将价值组件和非价值组件拼装成完整的收益率模型，从原始股票池中筛选出拟投资的股票。原始股票池可以是一个市场中的所有股票，我们将这类模型称为全局模型；也可以是具有某些共同属性的部分股票，我们将这类模型称为局部模型。构建全局模型是一项复杂的系统工程，需要考虑影响股票价值和价格的所有重要因素，而构建局部模型只需要考虑一些重要的因素，而假定其他一些不重要因素。

（5）加入风险模型，在给定约束条件下优化投资组合，确定最终的个股权重。

（6）在实盘交易或者回测检验之后，进行业绩归因和模型评估，在此基础上进一步调整和改进投资策略，以此循环往复。

在以上步骤中，本书重点涵盖前面四个步骤，而后面两个步骤与其他量化投资模型相差不大，故不多作介绍。

7.2　基于相对价格评估的量化投资策略

在《量化投资理论与实务——基于价值评估的视角》一书中，我们详细讨论了常见的相对价格评估模型以及这些估值倍数的基本面决定因素。具体如下：

❖ 市盈率的基本面决定因素为预期股利增长率、股利支付率、风险。

❖ 市净率的基本面决定因素为预期增长率、股利支付率、风险以及净资产收益率。

❖ 市销率的基本面决定因素为预期增长率、股利支付率、风险以及净利润率。

❖ EV/EBITDA 的基本面决定因素包含预期增长率、税后经营利润率、风险、再投资率以及税率。

❖ EV/ 投入资本的基本面决定因素包含预期增长率、再投资率、风险以及投入资本收益率。

❖ EV/ 销售收入的基本面决定因素包含预期增长率、再投资率、风险以及税后经营利润率。

总的来说，所有的相对估值倍数无外乎取决于三个核心的要素，即企业当前的现金流（综合股利、销售收入、息税折旧摊销前利润、税后经营利润等）、这些现金流的预期增长率以及未来的风险。

如果市场是整体有效的，即平均而言股票的价格等于其内在价值，或者在市场整体波动比较平稳的时期，我们就可以基于相对价格评估模型来构建基本面量化投资策略。在具体操作过程中，我们既可以构建一个完整的基于相对估值模型的量化投资策略，也可以构建一个相对价格偏差因子并将其放入多因子模型框架。

7.2.1　基于静态相对估值模型构建量化投资策略

我们以市净率为例，讨论两种基于静态相对估值模型构建量化投资策略的方式，即分别利用相对估值倍数偏差和公允价格偏差来构建量化投资策略。这里根据是否采用时间序列数据来建模区分静态与动态，如果是利用时间序列数据来建模，称为动态模型；反之，如果是基于截面数据来建模，称为静态模型。静态相对估值模型是将横截面上的其他公司作为可比公司，而动态相对估值模型是以公司自身的历史价格作为可比公司。

7.2.1.1 基于静态相对估值倍数构建量化投资策略

市净率的基本面决定因素包含预期增长率、股利支付率、风险和净资产收益率，那么，就可以在每一期建立以下多元回归模型，利用横截面数据来预测市净率：

$$PB_{i,t} = f(Por_{i,t}, ROE_{i,t}, E_t(g_i), E_t(risk_i); OVV_{i,t}; MKT_{i,t}; \varepsilon_{i,t}) \quad （7.1）$$

其中，i 表示个股，t 表示时期；$PB_{i,t}$ 表示市净率；$Por_{i,t}$，表示股利支付率，$ROE_{i,t}$，表示净资产收益率，这二者用于衡量当期现金流；$E_t(g_i)$ 表示预期的股利增长率；$E_t(risk_i)$ 表示预期未来风险；$OVV_{i,t}$ 表示与企业价值相关但未能进入前面四个变量的其他可能的变量，可以包含市净率的滞后项以涵盖模型中没有考虑的其他所有可能的因素，但这样做，在计量经济学领域被称为动态模型；$MKT_{i,t}$ 表示市场相关变量，可以包含投资者行为、投资者情绪、动量等市场因素，用于抓捕与价值无关但能够影响股票价格的市场因素；$\varepsilon_{i,t}$ 表示随机误差项。

方程（7.1）及其变体常常出现在估值文献里，在本书中它的精髓在于各个自变量的构造与估计：

❖ 股利支付率和净资产收益率这两个变量用于衡量当期现金流，最好不要直接采用公司财务报表上的数字，而是应当根据第3章的方法将财务报表进行转换之后重新估计的结果。

❖ 预期增长率的估计可以来自第4章的内容。

❖ 预期未来的风险可以来自第5章的内容。

❖ 市场相关的变量可以来自第6章的内容。

不直接采用财务报表上的数字，而是在调整财务报表的基础上获得更加符合投资思维的投资信息；不直接采用历史数据，而是基于前面几章的内容来估计增长和风险相关的未来预期数据。**在本章后续所有的相对价格评估模型和内在价值评估模型中所需**

的数据都应当如此，尽可能地采用按照前面几章内容所获得的数据。这是本书区别于其他量化投资文献的最重要的特色。

我们并未将方程（7.1）写成线性形式，因为我们可以根据理论逻辑和数据特征构造任何合理形式的方程，并不一定非要局限于最简单的线性方程。我们也可以采用任何合适的方法来估计方程（7.1），比如分位数回归、广义矩估计（GMM）或者一些机器学习的方法，但最好不要采用普通最小二乘法，因为数据通常不符合该方法的基本假定。分位数回归的好处是可以得到不同分位的估计结果，并且可以覆盖异常值。在量化投资模型中异常值很重要，因为它们通常包含一些特别的投资机会。GMM估计的好处是，该方法的兼容性较好，而且其子方法很多，可以灵活运用它的各种子方法来处理很多常见的计量问题，比如异方差、非正态分布、内生性等问题。机器学习方法的好处是，可以非常便利地调参并获得良好的样本外预测效果。

将个股数据代入模型进行回归估计之后，就能够得到个股市净率的预测值 $\hat{PB}_{i,t}$，也常常称为公允的市净率。利用个股实际的市净率和多元回归模型预测的市净率，我们就可以构建一个市净率偏差 $RMPB_{i,t}$：

$$RMPB_{i,t} = \frac{\hat{PB}_{i,t} - PB_{i,t}}{\hat{PB}_{i,t}} \qquad (7.2)$$

这里的 $RMPB_{i,t}$ 实际上是一个相对定价偏差的概念，因为 $\hat{PB}_{i,t}$ 的含义是市场隐含的公允市净率。如果一个企业的 $RMPB_{i,t}$ 为较大的正值，意味着该企业相对于可比公司来说被低估，在未来股价可能上涨；反之，如果一个企业的 $RMPB_{i,t}$ 为负值，意味着该企业相对于可比公司来说被高估，在未来股价可能下跌。

当然，我们可以结合数据结构和自己的研究设计，利用公允市净率和实际市净率构建任何形式的偏差。这里可比公司的范围视自变量控制差异范围而定，如果自变量控制了市场上所有公司股票之间的重要差异，那么，可比公司就是整个市场上所有的其他公司，此时的模型就是一个全局模型；如果自变量仅仅控制了某一个行业或者具有某些共同属性特征公司之间的重要差异，则可比公司就是这些同一行业或者具有某些共同属性的公司，此时的模型就是一个局部模型。局部模型的潜在假定是，模型中的其他因素不重要，或者对于小范围的可比公司来说，模型中没有包含的其他影响股票价值和价格的因素是相似的。

计算出这个市净率偏差后，我们就可以采用构建基本面量化投资策略了。如果在估计方程（7.1）时，已经控制了足够多的重要的变量，我们就直接利用这个市净率偏差建立投资策略，比如，对市净率偏差进行排序，在每一期买入市净率偏差较高的股票同时卖出市净率偏差因子较低的股票。如果在估计方程（7.1）时并未完全控制足够多的重要变量，那么，我们也就可以利用这些剩余的变量和已经估计出的市净率偏差来建立多因子模型。比如，在估计时没有控制动量效应和成长性差异，那么，我们就可以用市净率偏差、动量和成长性的代理变量，构造一个三因子模型。

7.2.1.2 基于静态公允价格构建量化投资策略

相对估值倍数的基本逻辑是，用分母抓取对股票价格影响最大的因素或者控制可比公司间最大的差异。估值倍数的一个隐含假设是，股票的价格与分母之间存在线性关系。我们可以将估值倍数的分母移到等号的右边，构建一个由可比公司隐含的公允价格方程，以便考虑分母与相对价格之间更加复杂的关系。值得注意的是，这个公允价格仍然是一个相对估值概念，并不能衡量股票的内在价值，因为这个价格是由可比公司所决定的，而不是由自身的现金流、未来增长和风险所决定。

仍然以市净率为例来构造市场隐含的公允价格方程，具体形式如下：

$$FP_{i,t} = f(Por_{i,t}, ROE_{i,t}, E_t(g_i), E_t(risk_i); BVE_{it}; OVV_{i,t}; MKT_{i,t}; \varepsilon_{i,t}) \quad (7.3)$$

其中，$FP_{i,t}$ 表示市场隐含的股票的公允价格，$BVE_{i,t}$ 表示权益账面价值，其余变量的含义与方程（7.1）完全相同。

在每个时期对方程（7.3）进行估计，然后将个股数据代入估计结果，就能够得到每只股票市场隐含的公允价格的预测值 $\hat{FP}_{i,t}$。如果记市场上公司实际价格为 $P_{i,t}$，那么，我们就可以构建一个错误定价偏差：

$$MP_{i,t} = \frac{\hat{FP}_{i,t} - P_{i,t}}{P_{i,t}} \quad (7.4)$$

如果，$MP_{i,t}$ 为正值时，意味着股票被低估；如果 $MP_{i,t}$ 为负值时，说明股票被高估。被低估的公司可能在未来的预期收益率大于被高估的公司。

与静态相对估值倍数模型相似，我们可以采用任意合适的方法来估计方程（7.3），并利用方程（7.4）中的错误定价偏差来构建任何合适的全局或者局部基本面量化投资策略。

7.2.2 基于动态相对估值模型构建量化投资策略

前面两种方法是基于截面数据来建模，但是当市场整体被高估或被低估时，这两种方法将失效，因为用这两种方法隐含的假定是市场整体估值是无偏的。当市场整体被高估时，比如正处于牛市的顶点，那么，无论我们如何精致、谨慎地建模，都难以避免在接下来市场下行过程中出现亏损。这也是目前大多数量化投资模型都难以穿越牛熊的一个重要原因。

要想穿越牛熊，在市场整体被高估或者被低估时，仍然能够选择恰当的投资标的，我们就不能完全依靠截面数据来构造模型。一个可行的选择方案是基于时间序列或长面板数据来构建相对估值模型，有时我们也将这类模型称为动态相对估值模型。动态相对估值模型是将自身历史价格作为参照物，从时间序列的角度来评估股票的相对价格。另一个可行的方案是，7.3 讨论的基于内在价值评估模型来构建量化投资策略。

仍然以市净率为例，来构建动态相对估值模型。简便起见，我们采用线性形式的模型，当然也可以在线性模型基础上将其转变为非线性模型，只是采用的估计技术可能会稍微麻烦些。动态市净率模型通常包含两个部分，即长期均衡关系模型和短期均衡关系模型。我们可以将线性形式的长期均衡关系模型表示为：

$$PB_{i,t} = \alpha_{0i} + \alpha_{1i}Por_{i,t} + \alpha_{2i}ROE_{i,t} + \alpha_{3i}E_t\left(g_i\right)_i + \alpha_{4i}E_t\left(risk_i\right) +$$
$$\alpha_{5i}OVV_{i,t} + \alpha_{6i}MKT_{i,t} + \varepsilon_{i,t} \tag{7.5}$$

其中，α_{0i} 是与企业 i 相关的特定的截距项；$\{\alpha_{1i}, \cdots, \alpha_{6i}\}$ 表示斜率项；$\varepsilon_{i,t}$ 表示随机误差项；其余所有变量的含义与方程（7.1）相同。如果模型因变量和自变量之间是协整的，则 $\varepsilon_{i,t}$ 是一个 $I(0)$ 过程。

动态市净率模型的短期均衡关系模型可以用一个自回归动态滞后面板模型 $ARDL\left(p, q_1, q_2, q_3, q_4, q_5, q_6\right)$ 表示，具体形式如下：

$$PB_{i,t} = \delta_{0i} + \sum_{j=1}^{p}\lambda_{ij}PB_{i,t-j} + \sum_{j=0}^{q_1}\delta_{i1j}Por_{i,t-j} + \sum_{j=0}^{q_2}\delta_{i2j}ROE_{i,t-j} +$$
$$\sum_{j=0}^{q_3}\delta_{i3j}E_{t-j}\left(g_i\right) + \sum_{j=0}^{q_4}\delta_{i4j}E_{t-j}\left(risk_i\right) + \sum_{j=0}^{q_5}\delta_{i5j}OVV_{i,t-j} +$$
$$\sum_{j=0}^{q_6}\delta_{i6j}MKT_{i,t-j} + u_{i,t} \tag{7.6}$$

其中，δ_{0i} 表示特定的组别效应；$\{p, q_1, q_2, \cdots, q_6\}$ 分别表示方程各自变量的滞后阶数，而 $\{\lambda_{ij}, \delta_{i1j}, \delta_{i2j}, \cdots, \delta_{i6j}\}$ 分别是方程各自变量的斜率系数；$u_{i,t}$ 是随机误差项，它对于所有的 i 和 t 都是独立同分布的，与解释变量相互独立，且满足均值为零的条件。假定对于所有的企业，$1 - \sum_{j=1}^{p}\lambda_{ij}z^j = 0$ 的特征根都落在单位圆之外，则在短期的调整速度严格为负，进而使变量之间存在长期关系并保证模型的动态稳定性。

基于变量之间的长期关系模型（7.5）和短期关系模型（7.6），可以构建如下非限制的误差修正模型（Error Correction Model，ECM）：

$$\Delta PB_{i,t} = \phi_i \Big[PB_{i,t-1} - \alpha_{0i} - \alpha_{1i} Por_{i,t} - \alpha_{2i} ROE_{i,t} - \alpha_{3i} E_t(g_i) - \alpha_{4i} E_t(risk_i) -$$
$$\alpha_{5i} OVV_{i,t} - \alpha_{6i} MKT_{i,t} \Big] + \sum_{j=1}^{p-1} \lambda_{ij}^* \Delta PB_{i,t-j} + \sum_{j=0}^{q_1-1} \delta_{i1j} \Delta Por_{i,t-j} +$$
$$\sum_{j=0}^{q_2-1} \delta_{i2j} \Delta ROE_{i,t-j} + \sum_{j=0}^{q_3-1} \delta_{i3j} \Delta E_{t-j}(g_i) + \sum_{j=0}^{q_4-1} \delta_{i4j} \Delta E_{t-j}(risk_i) +$$
$$\sum_{j=0}^{q_5-1} \delta_{i5j} \Delta OVV_{i,t-j} + \sum_{j=0}^{q_6-1} \delta_{i6j} \Delta MKT_{i,t-j} + u_{i,t} \tag{7.7}$$

其中，$\phi_i = -\Big(1 - \sum_{j=1}^{p-1} \lambda_{ij}\Big)$ 是短期调整参数；中括号里的部分表示长期均衡偏差项；$u_{i,t}$ 是随机误差项。如果方程（7.5）刻画的长期均衡关系存在，则我们预期 ϕ_i 在统计上是显著为负的。一般地，如果估计出来的 ϕ_i 为正，则说明模型设定可能错误。

动态模型既可以利用单个公司的时间序列数据估计，也可以利用具有某些共同属性的一组公司（如处在相同行业的公司）构成的长面板数据来估计。通过估计长期关系模型和误差修正模型，我们就可以计算 $PB_{i,t}$ 的预测值 $\hat{PB}_{i,t}$。这个预测值与 7.2.1.1 中的市净率预测值不同，7.2.1.1 中的市净率预测值是由横截面上的可比公司所隐含的，而这里的市净率预测值是由自身或者具有某些共同属性的公司历史信息所隐含的。

同样地，我们也可以参照方程（7.2）用来构建动态市净率偏差，或者将方程（7.5）中市净率的分母移到右边，构建一个动态模型来估计市场隐含的公允价格，并以方程（7.4）的方式构建动态定价偏差。如果动态市净率偏差或者动态错误定价为正，则表明相对于历史价格来说当前的股票价格被低估，未来股票价格可能上涨；反之，则表明相对于历史价格来说当前的股票价格被高估，未来股票价格将下跌。

与 7.2.1 相似，我们可以灵活地利用动态市净率偏差和动态错误定价偏差，构建任意合适的基本面量化投资策略。

7.3 基于内在价值评估的量化投资策略

内在价值模型评估的是股票的真实价值，而非市场价格。其基本原理是，将企业在本期及预测的所有以后期的现金流折现到当前的价值作为其真实价值。我们也将内在价值评估模型分为静态和动态两类，分别基于这两类模型来构建基本面量化投资策略。由于内在价值评估模型直接评估股票的内在价值，可以不依赖可比公司的价格作为参照物，因此，即便市场整体定价有偏时，也可以采用内在价值评估模型来构建基本面量化投资策略。

7.3.1 基于静态内在价值评估模型构建量化投资策略

我们分别以标准的折现现金流模型和其他量化投资文献最常用的剩余收益模型来展示如何基于静态内在价值评估模型构建基本面量化投资策略。

标准的折现现金流模型是评估股票内在价值最常用的工具，其基本形式可以表示为：

$$IV = \sum_{t=0}^{n} \frac{CFE_t}{\prod_{i=1}^{t}(1+r_i)^i} + \frac{TVE_n}{\prod_{i=1}^{n}(1+r_i)} \tag{7.8}$$

其中，IV 表示在 0 时刻（基准时刻）股票的内在价值；n 表示预测年限；r 表示折现率，通常采用权益资本成本；CFE_t 表示与股票价值相关的权益现金流，比如权益自由现金流等；TVE_n 表示与股票价值相关的权益终值。

这类模型的一个弊端在于，终值对估值的影响很大，但是其本身的计算并不严谨。

如果基于价值创造观，采用剩余收益模型，那么，股票的内在价值可以表示为：

$$IV = BVE_0 + \sum_{t=1}^{\infty} \frac{RI_t}{(1+r)^t} = BVE_0 + \sum_{t=1}^{\infty} \frac{NI_t - r \times BVE_{t-1}}{(1+r)^t} \qquad (7.9)$$

其中，r 表示股东要求的回报率，通常采用权益资本成本；$RI_t = NI_t - r \times BVE_{t-1}$ 是剩余收益，等于净利润减去权益资本成本。

基于价值创造观的模型，除了剩余价值模型外，还有经济增加值模型等。但是剩余价值模型具有独特的优势，即其不会太过强调会计信息与估值信息之间的差异。因此，如果必须选择的话，基于剩余价值模型来构建基本面量化模型是一个更好的选择。

我们在《量化投资理论与实务：价值评估的视角》一书中介绍了很多可以用于评估股票内在价值静态模型，比如股利折现模型、可支付股利折现模型、权益自由现金流模型、经济增加值模型以及剩余收益模型等。如果依据不同的增长模式再来划分，将会衍生出无数种模型。以股利折现模型为例，可以包含恒定增长率的 Gordon 模型、基于股利增长渐变的 GROW 模型以及基于权益收益和股息支付率渐增的 ROPE 模型。原则上来讲，我们可以基于任意一种模型来构建基本面量化投资模型。

不论基于什么样的静态内价值评估模型，在得到股票的内在价值 IV 之后，我们就可以构建一个内在价值偏差。如果记市场上公司实际价格为 $P_{i,t}$，那么，内在价值偏差就可以表示为：

$$IMP_{i,t} = \frac{IV_{i,t} - P_{i,t}}{P_{i,t}} \qquad (7.10)$$

与基于相对价格评估模型来构建量化投资策略相似，有了这个内在价值偏差之后，我们就可以构建任意合适的基本面量化投资策略了。

7.3.2 基于动态内在价值评估模型构建量化投资策略

动态内在价值评估模型源自公司金融领域的动态投资模型。

依据对时间处理方式的不同，动态内在价值评估模型可以分为连续时间模型和离散时间模型。前者在数学表达上更加优美；而后者却更加直观，也便于利用真实数据来进行估计，因此，我们主要讨论后者。我们以标准的动态折现现金流模型为例，来展示如何构建基本面量化投资策略。

7.3.2.1　动态内在价值评估模型的优势

通常情况下，动态内在价值评估模型包含四个板块，即外生随机变量、控制变量、目标函数以及一组可通过控制变量进行调整的内生状态变量。外生随机变量，通常是对企业收入的冲击，比如需求冲击、生产力冲击、生产成本冲击或融资成本冲击。控制变量，是管理层进行决策调整的变量，它和外生随机变量一同影响内生状态变量。目标函数，即管理层的决策目标，通常是最大化股东价值。内生状态变量，经常包括当前资本存量以及劳动力、流动资产存量或债务，这些变量受到控制变量和外生随机变量的影响。

动态内在价值评估模型比较复杂，但相对于静态内在价值评估模型，动态内在价值评估模型具有很多重要的优势：

❖ 模型假定更少，也更贴合实际。动态模型主要有两个基本假定，即最大化股东价值的目标函数和管理者决策过程是理性的。

❖ 模型设定具有较大的自由度，能够提供更多的融资选择。公司可以通过债务、现金、增加股本和削减股利等方式进行融资，这些融资方式会影响资本成本、风险和收益，进而影响经营效果和股东价值。

❖ 模型可以通过引入外生随机冲击来刻画外部环境对公司内部决策、经营效果以及股东价值的影响。

相对静态模型而言，动态模型不仅更加贴合实际，能够很好地刻画企业的关键特征，在模型制定上也具有更大的自由度。这些优势使得动态内在价值评估模型更加适合于构建基本面量化投资策略。

7.3.2.2 动态内在价值评估模型的构建与求解

假定管理者是风险中性的，决策目标是最大化股东利益。股东利益可以用预期未来现金流的现值来表示，那么，决策者的问题可以表示为：

$$\max E\left\{\sum_{t=0}^{\infty}\beta^t m\left[c_t\left(x_t,u_t\right)\right]\right\}$$
$$满足：x_{t+1}=g\left(x_t,u_t,z_{t+1}\right),x_0给定 \tag{7.11}$$

其中，$E(\cdot)$ 表示期望；β 表示折现率；$m(\cdot)$ 表示关于现金流的效用函数；$c_t\left(x_t,u_t\right)$ 表示 t 时期的权益自由现金流，它由状态变量 x_t 和控制变量 u_t 的函数决定；z_t 表示独立同分布的随机变量，其累积概率分布函数为 $Prob\left\{z_t\leq z\right\}=F\left(z\right)$，代表对状态变量的外生随机冲击。

如果管理者只关心各期现金流的折现值之和，则可以设置 $m\left[c_t\left(x_t,u_t\right)\right]=c_t\left(x_t,u_t\right)$，此时一些时期的现金流可以为负，如果为负，可能意味着新股本的注入。如果管理者要求每一期现金流量必须大于零，则可以设置 $m\left[c_t\left(x_t,u_t\right)\right]=\ln\left[c_t\left(x_t,u_t\right)\right]$ 等对数形式。对数函数的特性使得当现金流接近零时，边际效用趋近负无穷。为了保证收敛性和便于求解，我们通常假定 $m\left[c_t\left(x_t,u_t\right)\right]$ 是凹函数，且 $\left\{\left(x_{t+1},x_t\right):x_{t+1}\leq g_t\left(x_t,u_t,z_t\right),u_t\in R^k\right\}$ 是紧凸集，其中 k 表示控制变量的个数。

求解式（7.11）一般采用动态规划的方法。动态规划寻找一个满足方程 $x_{t+1}=g\left(x_t,u_t,z_{t+1}\right)$ 的策略函数 $u_t=h\left(x_t\right)$ 来最大化表达式（7.11）。为了找出策略函数，我们需要知道一个从初始条件 x_0 开始并显示原来问题最优值的函数 $V\left(x\right)$，即值函数。值函数通常可以表示为：

$$V(x_0) = \max_{\{u_t\}_{t=0}^{\infty}} E_0 \left\{ \sum_{t=0}^{\infty} \beta^t m \left[c_t(x_t, u_t) \right] \right\} \qquad (7.12)$$

其中，最大化问题满足约束 $x_{t+1} = g(x_t, u_t, z_t)$，$x_0$ 是给定的。

当然，在我们解决问题之前，不可能预期 $V(x_0)$ 是已知的。一旦我们知道 $V(x_0)$，则策略函数能够通过对每一个 $x \in X$ 求解下列问题而计算出来：

$$\max_{u} \left\{ c(x, u, z) + \beta V(\tilde{x}) \right\} \qquad (7.13)$$

其中，最大化满足 $\tilde{x} = g(x, u, z)$，x 给定，并且 $\tilde{x}$ 表示下一期的状态变量。

于是，我们已经把找到一个最大化式（7.11）的无限期控制序列的原始问题转化为，寻找无穷多个形式如式（7.12）的最大化问题的最优值函数以及函数 h 的问题——对每一个 x 值都有一个最大值问题。我们的任务变成求解以下贝尔曼方程（Bellman Equation）：

$$V(x) = \max_{u} \left\{ m \left[c_t(x, h(x), z) \right] + \beta E \left[V \left[g(x, h(x), z) \right] \| x \right] \right\} \qquad (7.14)$$

方程（7.14）是关于一对未知数 $V(x)$ 和 $h(x)$ 的一个泛函方程。

求解方程（7.14）主要有三种主要方法：值函数迭代法、猜测证明法以及霍华德改进算法。

❖ **值函数迭代法**，通过构建一系列的值函数以及策略函数来进行。这一系列函数通过迭代以下方程来建立，迭代开始于 $V_0 = 0$，并一直进行到 V_t 收敛：

$$V_{t+1}(x) = \max_{u} \left\{ m \left[c_t(x, u, z) \right] + \beta V_t(\tilde{x}) \right\} \qquad (7.15)$$

且满足条件 $\tilde{x} = g(x, u, z)$，x 给定。

❖ **猜测证明法**，是通过猜测方程（7.14）的解，并加以证明。此方法基于此方程解是存在且唯一的，但由于这种方法依赖于做出准确猜测的运气，而且在实践中大多数动态规划问题是没有显示解的，因此，它并不是普遍可行的。

❖ **霍华德改进算法**，是一种策略函数的迭代算法。该方法主要包含三个步骤。

第1步，选择一个可行的策略，$u = h_0(x)$，并计算与永久采用该策略相关联的值：

$$V_{h1}(x) = E_0\left\{\sum_{t=0}^{\infty}\beta^t m\Big[c_t\big(x_t, h_j(x_t), z_t\big)\Big]\right\} \tag{7.16}$$

其中，$x_{t+1} = E_t\Big\{g\big[x_t, h_j(x_t), z_t\big]\big|x\Big\}, j = 0$。

第2步，寻找一个新的策略 $u = h_{j+1}(x)$，对于每一个 x，它都可以解决如下的二期问题：

$$\max_u\Big\{c(x, u, z) + \beta E\big[V[g(x, u, z)]\big|x\big]\Big\} \tag{7.17}$$

第3步，关于 j 重复第1步、第2步直至收敛。这种方法的优势在于，其收敛速度一般快于值函数迭代法。

虽然构建和求解动态内在价值评估模型看起来比较困难，但对于熟悉公司金融或者宏观经济模型的人来说，推导模型只是一些常规的内容。对于构建基本面量化投资模型来说，最关键的还是要通过前面几章的内容得到合适的参数或者关于模型的核心假设。只有合理的参数和假设，才能得到更加接近真实值的股票内在价值。

同样地，在得到股票的内在价值之后，就可以参照式（7.10）构建定价偏差，并进一步地构建任意合适的基本面量化投资策略。

7.4 模型的稳健性

基于前面两节介绍的两类共四种估值方法，采用不同的估计程序、不同的变量构造方式，我们可以构造出无数种基本面量化投资策略。这意味着，我们在构建策略时会面临很多权衡取舍。在面临选择时，我们可以参考一些常见的模型评估原则，比如收益、稳定性、胜率以及风险等。但对于目前的基本面量化投资策略来说，一个更加重要的额外的评估标准应该是稳健性。

稳健性，描述的是一个模型能够在多少不同场景下对原始股票池中多少只股票进行评估并获得稳定可靠的结果，常常也被称为模型的耐用性。模型的稳健性主要取决于四个方面：

❖ 数据的可得性。数据的可得性通常是影响基本面量化投资模型稳健性最重要的因素，因此，建模的时候尽量采用数据量大、覆盖范围广、时间持续性较好的二手数据。如果有时迫不得已必须采用一手数据，那么，尽量采用调查对象比较宽泛的问卷。当然随着信息技术的进步以及文本分析技术的发展，数据可得性的影响将会越来越小。

❖ 变量的选择。由于不同变量的数据可得性不同，因此，选择不同的变量也意味着不同的模型稳健性。比如，在评估高管特征时，我们可以尽量采用人口学统计特征而不是心理特征来度量个人的特质，从而提高数据的可得性和模型的稳健性。另外，模型要求的输入变量越多，由于其中部分变量的可得性可能较低，也越会导致策略的稳健性下降。

❖ 程序或方法的兼容性。一个完善的基本面量化投资策略由很多细小的元件构成，而在构造这些元件时，会涉及很多程序和方法，这些程序和方法的兼容性，也会影响最终策略的稳健性。在运用市盈率评判股价是否便宜时，排序法通常要求删掉市盈率为负的样本，普通最小二乘法则要求数据是正态分布的，而分位数回归法既不要求市盈率必须为正，也不要求数据分布的正态性，因此，采用分位数回归构建的策略稳健性会更好。大多数计量经济学模型都要求样本的自变量和因变量不能缺失，而一些机器学习模型（如 GBM 算法）仅仅要求目标变量不缺失，对输入变量却没有要求，因此，采用这些机器学习算法的策略稳健性会更好。我们面临的很多数据都不是同频的，此时需要对高频数据降频或者对低频数据升频，但这会扭曲数据的真实性或者降低数据包含的信息，如果采用混频数据模型，那么将会显著提高策略的稳健性。

❖ 模型假定的多少。一般来说，相对估值模型的假定取决于模型中自变量的多少，自变量越多，被控制的可比公司之间的差异就越多，可比公司的范围就越广，模型的稳健性就越好；反之，模型的稳健性越差。相对于静态内在价值评估模型来说，动态内在价值评估模型通常只需要假定管理者是理性的、决策目标为最大化股东权益，假定少得多，因而模型的稳健性也更好。

虽然稳健性是评估基本面量化投资策略时，研究者需要额外考虑的一个重要参考，但并不是唯一的标准。它是其他一些常见的评估标准，比如收益、稳定性、胜率和风险的基础，相对于稳健性较差的策略来说，稳健性较好的策略，通常也意味着更高的收益、更高的稳定性、更大的胜率和更低的风险，因为我们在面临更多可以选择的股票时，不会比只能从少数股票中进行选择时的情景更差。

7.5 基本面量化投资策略案例

为了能够更加清楚地呈现如何利用本书的知识来构建基本面量化投资策略，我们提供一些相关的案例。虽然这些案例没有按照本书第 3 章的方法来对会计数据进行调整，没有按照第 4 章的方法来评估企业未来的增长，没有按照第 5 章的方法来评估企业的风险，但较好地运用了本章提供的价值评估模型。如果将这些案例与前面几章的内容相结合，就是我们心目中真正合格的基本面量化投资策略。构架一个完善的基本面量化投资模型是一项庞大的工程，到目前为止，我们还没有看到有任何文献能够严格按照本书的方法来构建投资策略。严格按照本书的方法来构建策略是我们接下来的重点工作，也非常欢迎感兴趣的读者加入我们，与我们一起对这个新兴领域展开积极的、有意义的探索。

7.5.1 基于静态相对估值模型构建量化投资策略案例

我们参考 Geertsema 和 Lu（2021）的研究来展示如何利用静态相对估值模型构建基本面量化投资策略。虽然他们并没有严格按照我们的逻辑，从估值理论出发来构建相对估值模型，而是反其道而行之，我们先尽可能地将可得的基本面数据作为输入数据，利用 LightGBM 机器学习算法来预测相对估值倍数，然后再反过来基于 SHAP 值识别最重要的输入指标，验证估值理论。

他们基于静态相对估值倍数构建了一个基本面量化投资策略，具体步骤如下：

（1）选择 1980~2019 年美国上市公司作为总样本空间，剔除权益账面价值、总资产或者销售收入在 1000 万美元以下的公司，以排除小微企业对估值倍数的影响。

（2）分别将市净率（m2b）、企业价值与总资产之比（m2a）以及企业价值与销售收入之比（m2s）三个相对估值指标的自然对数作为目标变量，从所有可得的数据中选择 52 个会计比率、39 个会计异象因子、4 个规模代理变量（总资产、权益账面价值、销售收入和债务账面价值）、CAPM 模型中的贝塔值以及 Fama–French 的 49 个行业划分作为输入变量。

（3）在每个月按照 60：20：20 的比例将数据划分为训练集、开发集和测试集，采用 LightGBM 算法估计三个相对估值指标的预测值。

（4）利用上一步得到的预测值构建错误定价偏差，具体公式如下：

$$\varepsilon = \frac{\hat{M}}{M} - 1 \qquad (7.18)$$

其中，$\hat{M}$ 表示预测值，对于市净率模型 $\hat{M} = e^{\widehat{lnm2b}} \times B$，对于企业价值与总资产之比模型 $\hat{M} = e^{\widehat{lnm2a}} \times B - D$，对于企业价值与销售收入之比模型 $\hat{M} = e^{\widehat{lnm2s}} \times B - D$，$B$ 表示权益账面价值，D 表示总债务的账面价值，M 表示总市值。

（5）在每个月末对所有股票利用上一步得到的错误定价偏差进行排序，买入错误定价最低的 20% 的股票，并卖出错误定价最高的 20% 的股票，持有期为一个月。

最终，实证研究表明，不论是等权重还是市值加权的投资组合都能产生非常高的收益。等权重投资组合月度收益率在 0.52%~0.55%，而且在 1% 显著性水平下显著；按市值加权的投资组合月度收益率在 0.32%~0.41%，而且在 5%（甚至更好）的显著性水平下显著。这些超额收益不能被常见的风险因子和异象所解释，在控制 Fama–French 六因子模型（Fama–French，2018），甚至是再加上 7 个常见的异象因子后，仍然能够获得显著的超额收益。

Geertsema 和 Lu（2021）在预测相对估值倍数时采用了 LightGBM 算法，该算法具有两个重要的特征：①仅仅要求目标变量不缺失，而对输入变量是否缺失没有要求；②能够自动整合嵌入非线性关系和多层交互的影响。相对于采用计量经济学方法来说，这两个特征大大提升了策略的稳健性。

Geertsema 和 Lu（2021）的主要目的在于研究基于机器学习的相对估值给资产定价模型带来的信息增量。他们的策略以月度为调仓周期，在这个频度上市场因素（如动量、投资者情绪等）发挥着很重要的作用，而模型并没有加入这些变量，因而其潜在假定是这些因素不太重要，因此，他们的策略仍然是一个局部策略。如果将他们采用的盈利性、增长和风险指标都按照本书前面几章的内容进行重新估计，再加入动量和投资者情绪等市场因素，就是一个完善的基本面量化投资策略了。

7.5.2 基于动态内在价值评估模型构建量化投资策略案例

我们参考 Lazzati 和 Menichini（2018）的研究展示如何利用动态内在价值评估模型构建基本面量化投资策略。由于动态内在价值评估模型的构建与求解比较复杂，我们先介绍他们的建模和求解过程。

假定公司是持续经营的，管理者决定投资、劳动与融资行为。管理者的目标为最大化公司的股东权益。采用柯布—道格拉斯（Cobb–Douglas）形式的营业利润函数，形式如下：

$$GP_t = z_t K_t^{\alpha_K} L_t^{\alpha_L} \tag{7.19}$$

其中，GP_t 表示公司的营业利润；z_t 是一个随机过程，表示外生的利润冲击；K_t 表示投入的资本，L_t 表示投入的劳动；$\alpha_K \in (0,1)$ 和 $\alpha_L \in (0,1)$ 分别表示营业利润对于资本和劳动的弹性，它们满足 $\alpha_K + \alpha_L \leq 1$。

假定利润冲击 z_t 是一个对数形式的均值回归 AR（1）过程，其表达式为：

$$\ln(z_t) = \ln(c) + \rho \ln(z_{t-1}) + \sigma \varepsilon_t \tag{7.20}$$

其中，c 是利润冲击的长期均值，衡量由公司治理和投入要素的质量等引起的企业间的效率差异；$\rho \in (0,1)$ 是自回归系数，代表上一期利润冲击的影响，度量了利润冲击的持续性；ε_t 是随机误差项，假定它是一个白噪声序列；σ 是一个常数，度量了利润的波动性。

假定公司采用直线法对资产进行折旧，在每一个时期投资由管理者决定，其表达式为：

$$I_t = K_t - (1-\delta)K_{t-1} \tag{7.21}$$

其中，I_t 表示当期投资，$\delta \in (0,1)$ 表示每一期的折旧比率。

假定公司债务都是单期的，即在每一期期初发行，并在期末还本付息。债券按照票面利率发行，这意味着债券的账面价值等于市场价值。记 t 时期发行在外的债务总额为 D_t，则公司的杠杆率 $lv_t = D_t/K_t$。记公司债务成本为 r_t^D，则当期应支付利息为 $r_t^D D_t$。如果公司资不抵债，公司将会面临破产。假定破产成本为 ξK_t，其中 $\xi \in (0,1)$，表示用于法律诉讼和资产清算等引起的破产成本比率。每一期公司的运营成本为 oK_t，其中 $o > 0$ 表示运营成本比率。为简便起见，将工资率标准化为 1，那么，公司的劳动力成本为 L_t。假定公司的有效税率为 $\tau_t \in (0,1)$。公司的净利润 NI_t 可以表示为：

$$NI_t = \left(GP_t - oK_t - \delta K_t - L_t - r_t^D D_t\right)(1-\tau_t) \tag{7.22}$$

进一步地，公司的可支付股利 AD_t 可以表示为：

$$AD_t = NI_t - \left[\left(K_{t+1} - K_t\right) - \left(D_{t+1} - D_t\right)\right] - \theta \xi K_t \tag{7.23}$$

其中，$\left(K_{t+1} - K_t\right)$ 表示公司的再投资额，$\left(D_{t+1} - D_t\right)$ 表示净债务变化额；$\theta \xi K_t$ 是一个或有的破产成本，其中 θ 是一个二值函数，其表达式为：

$$\theta = \begin{cases} 1, \text{if } NI_t + K_t - D_t < 0 \\ 0, \text{if } NI_t + K_t - D_t \geq 0 \end{cases} \tag{7.24}$$

即，如果公司破产，则 θ 取 1；反之，则取 0。

管理者的目标是最大化股东价值。记公司的权益资本成本为 r_t^S。因此，管理者的决策问题可以描述为：在给定初始的资本、劳动和债务水平 $\{K_0, L_0, D_0\}$，以及外生的折现率、运营成本比率、债务成本、权益资本以及税率 $\{\delta, o, r_t^D, r_t^S, \tau_t\}$ 的前提下，选择资本、劳动和债务路径，$\{K_t, L_t, D_t\}_{t=1}^{\infty}$，以最大化可支付股利的现值。这可以用公式表示为：

$$IV = \max_{\{K_t, L_t, D_t\}_0^\infty} \left\{ 0, E_0 \left[\sum_0^\infty \frac{AD_t}{\prod_{j=0}^t \left(1 + r_j^S\right)} \right] \right\} \qquad (7.25)$$

为了求解式（7.25），他们将增长率设置为外生，通过猜测证明法求解出股票的内在价值，股票内在价值最终的表达式为：

$$IV = \left[(1+g)^{(1-\alpha_K-\alpha_L)t} z_t K_t^{*\alpha_K} L_t^{*\alpha_L} - \left(o + \delta + r_t^D lv^*\right) K_t^* - L_t^* - \right](1-\tau_t) +$$
$$\left(1 - lv^*\right) K_t^* + M\left(z_t\right) H^* \qquad (7.26)$$

其中：

$$M\left(z_t\right) = e^{-0.5\sigma^2(1-\alpha_K-\alpha_L)^{-2}(\alpha_K+\alpha_L)} \left\{ \sum_{s=1}^\infty (1+g)^s (1+r_A)^{-s} E\left[z_{t+s} \mid z_t \right] \right\};$$

$$E\left[z_{t+s} \mid z_t \right] = c^{\left(1-\rho^s\right)\left(1-\rho\right)^{-1}} z_t^{\rho^s \left(1-\alpha_K-\alpha_L\right)^{-1}} e^{-0.5\sigma^2(1-\alpha_K-\alpha_L)^{-2}\left(1-\rho^{2s}\right)\left(1-\rho^2\right)^{-1}};$$

$$H^* = \left(\phi_1^{*\alpha_K} \phi_2^{*\alpha_L} - (o+\delta)\phi_1^* - \phi_2^* \right)(1-\tau_t) + \left[\left(1+r_t^A\right)\left(1+r_t^D\right)^{-1} \left(r_t^D \tau_t lv^* - \lambda^*\xi\right) - r_t^A \right] \phi_1^*;$$

$$K_{t+1}^* = (1+g_t)\phi_1^* \left\{ E\left[z_{t+1} \mid z_t \right] \right\}^{\frac{1}{(1-\alpha_K-\alpha_L)}}, \quad L_{t+1}^* = \left(\alpha_K / \alpha_L\right) K_{t+1}^*;$$

$$\phi_1^* = \left[\alpha_K^{1-\alpha_L} \left(\frac{r_t^A}{1-\tau_t} + o + \delta \right) \alpha_L^{\alpha_L} \right]^{\frac{1}{(1-\alpha_K-\alpha_L)}}, \quad \phi_2^* = \left[\alpha_K^{\alpha_K} \left(\frac{r_t^A}{1-\tau_t} + o + \delta \right)^{\alpha_K} \alpha_L^{1-\alpha_K} \right]^{\frac{1}{(1-\alpha_K-\alpha_L)}};$$

$$\lambda^* = \int_{-\infty}^{x_c^*} \frac{1}{\sqrt{2\pi}} e^{-0.5z^2} dz, \quad x_c^* = -\sigma - \sqrt{2\left\{ \sigma^2 + \ln\left[\frac{\xi + \xi\left(r_t^D\right)^{-1}\left(1-\tau_t\right)^{-1}}{\sqrt{2\pi}\tau_t \sigma \phi_1^{*\alpha_K-1} \phi_2^{*\alpha_L}} \right] \right\}};$$

r^A 表示加权资本成本，g 表示增长率。式（7.26）等号右边前两项之和表示当前资产的价值，而 $M\left(z_t\right)H^*$ 这项代表了持续经营的价值。这意味股票的内在价值取决于当前资产的价值和未来经营产生的新的价值，这是符合内在价值评估理论的。

在完成动态内在价值评估模型的构建和求解之后，他们构建基本面量化投资策略的步骤如下：

（1）将 COMPUSTAT 数据库中 1980~2015 年包含的所有股票作为总的样本空间，剔除年度观测值数量小于 20、所涉及变量数据缺失以及所涉及比率大于 99% 分位数和小于 1% 分位数的股票。

（2）对前述模型进行参数化并计算出股票的内在价值 IV，其中 α_K 和 α_L 来自回归以下方程：

$$\ln(GP) = \alpha_K \ln(K) + \alpha_L \ln(L) + \ln(z) \tag{7.27}$$

其中，$\ln(z)$ 为残差项，并再对这个残差项的时间序列构建形如式（7.20）的方程，进行一阶向量自回归，得到的截距项为 c，斜率项为 ρ，残差的方差为 σ。其余变量为的定义见表 7-1，这些会计数字都是年度的。

表 7-1　模型所涉其他参数及定义

参数及名称	定义	备注
o：营运成本比率	销售和一般管理费用/总资产	历年平均值
δ：折旧比率	折旧与摊销费用/总资产	历年平均值
τ：税率	总的所得税/税前利润	历年平均值
r^D：债务资本成本	总的利息及相关支出/总债务	历年平均值
ξ：破产成本率	总债务/总资产	历年平均值
L：投入的劳动力	当期员工总费用	当期值
K：投入的总资本	总资产	当期值
r^S：权益资本成本	利用Fama-French三因子模型估计，其中用10年期美国国库券利率作为无风险利率	当期值
r^A：加权资本成本	利用税前加权资本成本计算	当期值
g：增长率	前五年销售收入与总资产周转率之比变化百分比率的平均值	当期值

（3）利用实际股票价格 P 除以上一步估计出的内在价值 IV 构建错误定价偏差 P/IV。

（4）对样本中所有股票利用上一步得到的错误定价偏差进行排序，买入错误定价最低的 20% 的股票，并卖出错误定价最高的 20% 的股票，构建等权重的投资组合。

最终，实证研究表明，持有投资组合 1 年、2 年、3 年、4 年和 5 年的平均收益率分别为 20.26%、33.67%、40.51%、44.07%

和 47.88%，且都在 1% 显著性水平下显著。利用投资组合的月度超额收益率分别对 Fama–French 三因子模型、Fama–French 三因子模型加上动量效应以及 Fama–French 五因子模型进行回归，得到的 Alpha 在 0.011~0.012，且都在 1% 的显著性水平下显著，这意味着利用这个简单的策略得到的超额收益并不能被这些模型中的风险因素所解释。

Lazzati 和 Menichini（2018）的主要贡献在于，利用动态股利折现模型来评估股票的内在价值，这在现有文献中是极其罕见的。这类文献很少的主要原因是对跨学科的知识要求大幅增加了研究的难度。我们可以看到，基于内在价值评估模型所用的输入变量和数据很少，最终策略的稳健性比较高。事实上，他们的策略完全可以改用季度或者更高频的数据，增长率也可以设置成内生决定或者按照本书第 4 章的内容来估计。如果经过这些调整，再根据调仓频率纳入相应的市场指标，就能构造出一个基于内在价值评估模型的完善的基本面量化投资策略了。

参考文献

[1] Acharya V V, Amihud Y, Litov L. Creditor rights and corporate risk-taking [J]. *Journal of financial Economics*, 2011, 102(1).

[2] Altman E I, Haldeman R G, Narayanan P. ZETATM analysis: A new model to identify bankruptcy risk of corporations [J]. *Journal of Banking & Finance*, 1977, 1(1).

[3] Altman E I. Financial Ratios, Discriminant Analysis and the Prediction of Corporate Bankruptcy [J]. *The Journal of Finance*, 1968, 23(4).

[4] Arslan-Ayaydin Ö, Florackis C, Ozkan A. Financial Flexibility, Corporate Investment and Performance: Evidence from Financial crises [J]. *Review of Quantitative Finance and Accounting*, 2014, 42(2).

[5] Athey S, Roberts J. Organizational Design: Decision Rights and Incentive Contracts [J]. *American Economic Review*, 2001, 91 (2).

[6] Atilgan Y, Bali T G, Demirtas K O, et al. Left-tail momentum: Underreaction to bad news, costly arbitrage and equity returns [J]. *Journal of Financial Economics*, 2020, 135(3).

[7] Baker M, Wurgler J. Investor sentiment and the cross-section of stock returns [J]. *The Journal of Finance*, 2006, 61(4).

[8] Ballester M, Garcia-Ayuso M, Livnat J. The Economic Value of the R&D Intangible Asset [J]. *European Accounting Review*, 2003, 12 (4).

[9] Barber B M, Odean T, Zheng L. Out of sight, out of mind: The effects of expenses on mutual fund flows [J]. *The Journal of Business*, 2005, 78(6).

［10］Barberis N, Shleifer A. Style investing［J］. *Journal of Financial Economics*, 2003, 68(2).

［11］Barron D N, West E, Hannan M T. A Time to Grow and a Time to Die: Growth and Mortality of Credit Unions in New York City, 1914–1990［J］. *American Journal of Sociology*, 1994, 100 (2).

［12］Beneish M D. The detection of earnings manipulation［J］. *Financial analysts Journal*, 1999, 55(5).

［13］Bentley K A, Omer T C, Sharp N Y. Business strategy, financial reporting irregularities, and audit effort［J］. *Contemporary Accounting Research*, 2013, 30(2).

［14］Bernard V L, Thomas J K. Evidence that stock prices do not fully reflect the implications of current earnings for future earnings［J］. *Journal of Accounting and Economics*, 1990, 13(4).

［15］Bernstein J I, Mamuneas T P. R&D Depreciation, Stocks, User Costs and Productivity Growth for US R&D Intensive Industries［J］. *Structural Change and Economic Dynamics*, 2006, 17 (1).

［16］Blitz D, Huij J, Martens M. Residual momentum［J］. *Journal of Empirical Finance*, 2011, 18(3).

［17］Bossidy L, Burck C, Charan R. *Execution: The Discipline of Getting Things Done*［M］. New York: Random House, 2011.

［18］Bromiley P. Testing a causal model of corporate risk taking and performance［J］. *Academy of Management Journal*, 1991, 34(1).

［19］Campbell J Y, Hilscher J, Szilagyi J. In search of distress risk［J］. *The Journal of Finance,* 2008, 63(6).

［20］Carhart M M. On Persistence in Mutual Fund Performance［J］. *Social Science Electronic Publishing*, 1997, 52(1).

［21］Chan L K, Lakonishok J, Sougiannis T. The stock market valuation of research and development expenditures［J］. *The Journal of Finance*, 2001, 56(6).

［22］Chen H, De Bondt W. Style momentum within the S&P-500 index ［J］. *Journal of Empirical Finance*, 2004, 11(4) .

［23］Coad A. Testing the Principle of 'Growth of the Fitter': the Relationship Between Profits and Firm Growth ［J］. *Structural Change and Economic Dynamics*, 2007, 18 (3).

［24］Cooper A C, Gimeno-Gascon F J, Woo C Y. Initial Human and Financial Capital as Predictors of New Venture Performance ［J］. *Journal of Business Venturing*, 1994, 9 (5).

［25］Corrado C, Hulten C, Sichel D. *Measuring Capital and Technology: An Expanded Framework* ［M］. Measuring Capital in the New Economy, Chicago :University of Chicago Press, 2005.

［26］Covin J G, Green K M, Slevin D P. Strategic Process Effects on the Entrepreneurial Orientation-sales Growth Rate Relationship ［J］. *Entrepreneurship Theory and Practice*, 2006, 30 (1).

［27］Covin J G, Slevin D P. Strategic Management of Small Firms in Hostile and Benign Environments ［J］. *Strategic Management Journal*, 1989, 10 (1).

［28］Damodaran A. *Investment valuation : Tools and techniques for determining the value of any asset* ［M］. New York: John Wiley & Sons, 2012.

［29］Damodaran A. *Valuation approaches and metrics : A Survey of the Theory and Evidence* ［M］. Boston: Now Publishers Inc, 2007.

［30］Daniel K D, Hirshleifer D, Subrahmanyam A. Overconfidence, arbitrage, and equilibrium asset pricing ［J］. *The Journal of Finance*, 2001, 56(3) .

［31］Daniel K, Hirshleifer D, Sun L. Short-and long-horizon behavioral factors ［J］. *The Review of Financial Studies*, 2020, 33(4) .

［32］Daniel K, Titman S. Market reactions to tangible and intangible information ［J］. *The Journal of Finance*, 2006, 61(4) .

［33］Das S. Size, Age and Firm Growth in an Infant Industry: The

Computer Hardware Industry in India [J]. *International Journal of Industrial Organization*, 1995, 13 (1).

［34］Dechow P M, Ge W, Larson C R, et al. Predicting material accounting misstatements [J]. *Contemporary Accounting Research*, 2011, 28(1).

［35］Dellavigna S, Pollet J M. Investor inattention and Friday earnings announcements [J]. *The Journal of Finance*, 2009, 64(2).

［36］Dichev I D, Tang V W. Matching and the Changing Properties of Accounting Earnings over the Last 40 Years [J]. *The Accounting Review*, 2008, 83 (6).

［37］Edwards R D, Magee J. *Technical Analysis of Stock Trends* [M]. Boca Raton: CRC Press, 1948.

［38］Enache L, Srivastava A. Should Intangible Investments be Reported Separately or Commingled with Operating Expenses? New Evidence [J]. *Management Science*, 2018, 64 (7).

［39］Fama E F, French K R. Choosing Factors [J]. *Journal of Financial Economics*, 2018, 128 (2).

［40］Fama E F, French K R. A five-factor asset pricing model [J]. *Journal of Financial Economics*, 2015, 116(1).

［41］Fama E F, French K R. Common risk factors in the returns on stocks and bonds [J]. *Journal of Financial Economics*, 1993, 33(1).

［42］Fama E F, French K R. Dissecting anomalies [J]. *The Journal of Finance*, 2008, 63(4).

［43］Fama E F, French K R. The Cross-Section of Expected Stock Returns [J]. *The Journal of Finance*, 1992, 47(2).

［44］Fama E F. Efficient Capital Markets : A Review of Theory and Empirical Work [J]. *The Journal of Finance*, 1970, 25(2).

［45］Feng G, Giglio S, Xiu D. Taming the factor zoo : A test of new factors [J]. *The Journal of Finance*, 2020, 75(3).

［46］Gaspar J M, Massa M. Idiosyncratic volatility and product market competition［J］. *The Journal of Business*, 2006, 79(6) .

［47］Geertsema P, Lu H. Relative Valuation with Machine Learning［J］. *Available at SSRN* 3740270, 2021.

［48］George T J, Hwang C Y. The 52-week high and momentum investing［J］. *The Journal of Finance*, 2004, 59(5) .

［49］Ghysels E, Santa-Clara P, Valkanov R. The MIDAS Touch: Mixed Data Sampling Regression Models［J］. Cirano Working Papers, 2004, 5(1).

［50］Graham B, Dodd D L F, Cottle S. *Security analysis*［M］. New York: McGraw-Hill, 1934.

［51］Greenwood R, Hanson S G. Share issuance and factor timing［J］. *The Journal of Finance*, 2012, 67(2) .

［52］Griliches Z. *R&D and Productivity: The Econometric Evidence*［M］. Chicago: University of Chicago Press, 2007.

［53］Gu F, Lev B. Time to Change Your Investment Model［J］. *Financial Analysts Journal*, 2017, 73 (4).

［54］Gu M, Kang W, Xu B. Limits of arbitrage and idiosyncratic volatility : Evidence from China stock market［J］. *Journal of Banking & Finance*, 2018, 86.

［55］Hall B H. Measuring the Returns to R&D: the Depreciation Problem［J］. *Annals of Economics and Statistics*, 2005, (79-80).

［56］Hambrick D C, Mason P A. Upper Echelons: The Organization as a Reflection of its Top Managers［J］. *Academy Of Management Review*, 1984, 9 (2).

［57］Hardwick P, Adams M. Firm Size and Growth in the United Kingdom Life Insurance Industry［J］. *Journal of Risk and Insurance*, 2002, 69 (4).

［58］He W, Wang Y, Yu J. Similar stocks［J］. *Available at SSRN* 381 5595, 2021.

［59］Henry E. Are Investors Influenced by How Earnings Press Releases are Written?［J］. *The Journal of Business Communication* (1973), 2008, 45 (4).

［60］Hirshleifer D, Lim S S, Teoh S H. Driven to distraction : Extraneous events and underreaction to earnings news［J］. *The Journal of Finance*, 2009, 64(5).

［61］Hornstein A. The Business Cycle and Industry Comovement［J］. *FRB Richmond Economic Quarterly*, 2000, 86 (1).

［62］Hou K, Mo H, Xue C, et al. An augmented q-factor model with expected growth［J］. *Review of Finance*, 2021, 25(1).

［63］Huang N, Diewert E. Estimation of R&D Depreciation Rates: A Suggested Methodology and Preliminary Application［J］. *Canadian Journal of Economics/Revue Canadienne D'économique*, 2011, 44 (2).

［64］Israel R, Laursen K, Richardson S. Is(systematic) value investing dead?［J］. *The Journal of Portfolio Management*, 2020, 47(2).

［65］Jaworski B J, Kohli A K. Market Orientation: Antecedents and Consequences［J］. *Journal of Marketing*, 1993, 57 (3).

［66］Jegadeesh N, Titman S. Returns to buying winners and selling losers : Implications for stock market efficiency［J］. *The Journal of Finance*, 1993, 48(1).

［67］Jin Q. *Business Cycle, Accounting Behavior and Earnings Management*［M］. Hong Kong: Hong Kong University of Science and Technology (Hong Kong), 2005.

［68］John K, Litov L, Yeung B. Corporate governance and risk-taking［J］. *The Journal of Finance*, 2008, 63(4).

［69］Kahneman D, Tversky A. Prospect Theory : An Analysis of Decision under Risk［J］. *Econometrica*, 1979, 47(2).

［70］Kamara A, Korajczyk R A, Lou X, et al. Horizon pricing［J］. *Journal of Financial and Quantitative Analysis*, 2016, 51(6).

［71］Kohli A K, Jaworski B J. Market Orientation: the Construct, Research

Propositions, and Managerial Implications［J］. *Journal of Marketing*, 1990, 54 (2).

［72］Lazzati N, Menichini A A. A Dynamic Model of Firm Valuation［J］. *Financial Review,* 2018, 53(3).

［73］Lev B, Gu F. *The End of Accounting and the Path Forward for Investors and Managers*［M］. New York: John Wiley & Sons, 2016.

［74］Lev B, Sougiannis T. The Capitalization, Amortization, and Value-relevance of R&D［J］. *Journal of Accounting and Economics*, 1996, 21 (1).

［75］Lev B. The Deteriorating Usefulness of Financial Report Information and How to Reverse it［J］. Accounting and Business Research, 2018, 48 (5).

［76］Li W C, Hall B H. Depreciation of Business R&D Capital［J］. *Review of Income and Wealth*, 2020, 66 (1).

［77］Libecap G D. Distributional issues in contracting for property rights ［J］. *Journal of Institutional and Theoretical Economics* (*JITE*)/Zeitschrift für die gesamte Staatswissenschaft, 1989.

［78］Lintner J. Security prices, risk, and maximal gains from diversification ［J］. *The Journal of Finance*, 1965, 20(4).

［79］Loughran T, Mcdonald B. When is a liability not a liability? Textual analysis, dictionaries, and 10 - Ks ［J］. *The Journal of Finance*, 2011, 66(1).

［80］Maccrimmon K R, Wehrung D A. Recent developments in the foundations of utility and risk theory ［A］//Assessing risk propensity ［M］. Berlin: Springer, 1986.

［81］Mairesse J, Mohnen P. Recherche–développement et Productivité: un Survol de la Littérature Econométrique［J］. *Economie et Statistique*, 1990, 237 (1).

［82］Maksimovic V, Phillips G. The Industry Life Cycle, Acquisitions and Investment: does Firm Organization Matter?［J］. *The Journal of Finance*, 2008, 63 (2).

［83］Markowitz H M. Portfolio selection ［J］. *The Journal of Finance*,

1952, 7(1).

［84］Miles R E, Snow C C, Meyer A D, et al. Organizational Strategy, Structure, and Process［J］. *Academy of Management Review*, 1978, 3 (3).

［85］Miller D, Dröge C. Psychological and Traditional Determinants of Structure［J］. *Administrative Science Quarterly*, 1986.

［86］Miller D, Friesen P H. Innovation in Conservative and Entrepreneurial Firms: Two Models of Strategic Momentum［J］. *Strategic Management Journal*, 1982, 3 (1).

［87］Mohanram P S. Separating winners from losers among lowbook–to–market stocks using financial statement analysis［J］. *Review of Accounting Studies*, 2005, 10(2).

［88］Mousavi M M, Ouenniche J, Tone K. A comparative analysis of two-stage distress prediction models［J］. *Expert Systems With Applications*, 2019, 119.

［89］Nadkarni S, Narayanan V K. Strategic schemas, strategic flexibility, and firm performance: The moderating role of industry clockspeed［J］. *Strategic Management Journal*, 2007, 28(3).

［90］Narver J C, Slater S F, Maclachlan D L. Responsive and Proactive Market Orientation and New - product Success［J］. *Journal of Product Innovation Management*, 2004, 21 (5).

［91］Narver J C, Slater S F. The Effect of a Market Orientation on Business Profitability［J］. *Journal of Marketing*, 1990, 54 (4).

［92］Nickell S J. Competition and corporate performance［J］. *Journal of Political Economy*, 1996, 104(4).

［93］Novy–Marx R. The other side of Value: The gross profitability premium［J］. *Journal of Financial Economics*, 2013, 108(1).

［94］Ohlson J A. A Practical Model of Earnings Measurement［J］. *The Accounting Review*, 2006, 81 (1).

［95］Ohlson J A. Financial ratios and the probabilistic prediction of bankruptcy [J]. *Journal of Accounting Research*, 1980.

[96] Paleologo G A. *Advanced Portfolio Management : A Quant's Guide for Fundamental Investors* [M]. New york: John Wiley & Sons, Inc., 2021.

[97] Patton A J, Timmermann A. Monotonicity in asset returns : New tests with applications to the term structure, the CAPM, and portfolio sorts [J]. *Journal of Financial Economics*, 2010, 98(3) .

[98] Patton A J, Verardo M. Does beta move with news? Firm–specific information flows and learning about profitability [J]. *The Review of Financial Studies*, 2012, 25(9) .

[99] Porter M E. Industry Structure and Competitive Strategy: Keys to Profitability [J]. *Financial Analysts Journal*, 1980, 36 (4).

[100] Pukthuanthong K, Roll R, Subrahmanyam A. A protocol for factor identification [J]. *The Review of Financial Studies*, 2019, 32(4) .

[101] Shadish W R, Cook T D, Campbell D T. *Experimental and quasi-experimental designs for generalized causal inference* [M]. Boston: Houghton, Mifflin and Company, 2002.

[102] Sharpe W F. Capital asset prices : A theory of market equilibrium under conditions of risk [J]. *The Journal of Finance*, 1964, 19(3) .

[103] Shiller R J, Fischer S, Friedman B M. Stock prices and social dynamics [J]. *Brookings Papers On Economic Activity*, 1984, 1984(2) .

[104] Stambaugh R F, Yuan Y. Mispricing factors [J]. *The Review of Financial Studies*, 2017, 30(4) .

[105] Vuolteenaho T. What drives firm–level stock returns? [J]. *The Journal of Finance*, 2002, 57(1) .

[106] Watkins K E, Marsick V J. Dimensions of the learning organization questionnaire [J]. *Warwick, RI : Partners for the learning Organization*, 1997.

[107] Wiklund J, Patzelt H, Shepherd D A. Building an Integrative Model of Small Business Growth [J]. *Small Business Economics*, 2009, 32 (4).

[108] Wiklund J, Shepherd D. Entrepreneurial Orientation and Small

Business Performance: A Configurational Approach［J］. *Journal of Business Venturing*, 2005, 20 (1).

［109］Yang B. Identifying Valid and Reliable Measures for Dimensions of a Learning Culture［J］. *Advances in Developing Human Resources*, 2003, 5 (2).

［110］Yang C, Zhang R. Does mixed-frequency investor sentiment impact stock returns? Based on the empirical study of MIDAS regression model［J］. *Applied Economics*, 2014, 46(9).

［111］Zaltman G, Duncan R, Holbek J. Innovations and Organizations［M］. New York; Toronto: Wiley, 1973.

［112］曹胜，朱红军. 王婆贩瓜：券商自营业务与分析师乐观性［J］. 管理世界，2011（7）.

［113］陈国权，郑红平. 组织学习影响因素、学习能力与绩效关系的实证研究［J］. 管理科学学报，2005（1）.

［114］陈国权. 组织学习和学习型组织：概念、能力模型、测量及对绩效的影响［J］. 管理评论，2009（1）.

［115］陈汉文，黄轩昊. 中国上市公司内部控制指数：逻辑、构建与验证［J］. 审计研究，2019（1）.

［116］陈红，纳超洪，雨田木子，等. 内部控制与研发补贴绩效研究［J］. 管理世界，2018（12）.

［117］陈建勋，凌媛媛，王涛. 组织结构对技术创新影响作用的实证研究［J］. 管理评论，2011（07）.

［118］陈胜蓝，李占婷. 经济政策不确定性与分析师盈余预测修正［J］. 世界经济，2017（7）.

［119］陈霞，马连福，丁振松. 国企分类治理、政府控制与高管薪酬激励——基于中国上市公司的实证研究［J］. 管理评论，2017（3）.

［120］陈云松，吴晓刚，胡安宁，等. 社会预测：基于机器学习的研究新范式［J］. 社会学研究，2020（3）.

［121］陈志斌，王诗雨. 产品市场竞争对企业现金流风险影响研究——基于行业竞争程度和企业竞争地位的双重考量［J］. 中国工业经

济，2015（3）．

［122］褚剑，秦璇，方军雄．中国式融资融券制度安排与分析师盈利预测乐观偏差［J］．管理世界，2019（1）．

［123］戴璐，宋迪．高管股权激励合约业绩目标的强制设计对公司管理绩效的影响［J］．中国工业经济，2018（4）．

［124］戴文涛，李维安．企业内部控制综合评价模型与沪市上市公司内部控制质量研究［J］．管理评论，2013（1）．

［125］邓晓岚，王宗军，李红侠，等．非财务视角下的财务困境预警——对中国上市公司的实证研究［J］．管理科学，2006（3）．

［126］董望，陈俊，陈汉文．内部控制质量影响了分析师行为吗？——来自中国证券市场的经验证据［J］．金融研究，2017（12）．

［127］窦亚丽，张德．学习型组织建设对组织绩效影响的实证研究［J］．科学学与科学技术管理，2006（7）．

［128］杜媛，方秀凤．经营风险程度的度量方法探讨［J］．统计与决策，2014（5）．

［129］段丙蕾，汪荣飞，张然．南橘北枳：A 股市场的经济关联与股票回报［J］．金融研究，2022（2）．

［130］范从来，袁静．成长性、成熟性和衰退性产业上市公司并购绩效的实证分析［J］．中国工业经济，2002（8）．

［131］范合君，初梓豪．股权激励对公司绩效倒 U 型影响［J］．经济与管理研究，2013（2）．

［132］方军雄．我国上市公司信息披露透明度与证券分析师预测［J］．金融研究，2007（6）．

［133］高秋明，胡聪慧，燕翔．中国 A 股市场动量效应的特征和形成机理研究［J］．财经研究，2014（2）．

［134］葛顺奇，关乾伟，罗伟．供应链配置与企业绩效表现：效率与稳定［J］．世界经济研究，2022（4）．

［135］龚林，周兵，任政亮．上市公司高管特征与 EVA 实证研究——来自创业板上市公司的经验证据［J］．财会通讯，2015（31）．

［136］古朴，翟士运．监管不确定性与企业盈余质量——基于证监会换届的准自然实验［J］．管理世界，2020（12）．

［137］郭永清．财务报表分析与股票估值［M］．第2版．北京：机械工业出版社，2021．

［138］何熙琼，尹长萍．企业战略差异度能否影响分析师盈余预测——基于中国证券市场的实证研究［J］．南开管理评论，2018（2）．

［139］贺新闻，王艳，伦博颜．高管团队性别多元化对创新型企业绩效影响机制研究——基于技术密集度的视角［J］．科学管理研究，2020（1）．

［140］胡望斌，张玉利，牛芳．我国新企业创业导向、动态能力与企业成长关系实证研究［J］．中国软科学，2009（04）．

［141］胡熠，顾明．巴菲特的阿尔法：来自中国股票市场的实证研究［J］．管理世界，2018（8）．

［142］胡振兴．再析财务风险与经营风险［J］．财会月刊，2010（36）．

［143］黄乃静，于明哲．机器学习对经济学研究的影响研究进展［J］．经济学动态，2018（7）．

［144］黄再胜．企业员工战略共识及其影响因素的实证研究［J］．南开管理评论，2011（4）．

［145］贾建锋，唐贵瑶，李俊鹏，等．高管胜任特征与战略导向的匹配对企业绩效的影响［J］．管理世界，2015（2）．

［146］姜富伟，孟令超，唐国豪．媒体文本情绪与股票回报预测［J］．经济学（季刊），2021（4）．

［147］句国栋，陈云松．图形的逻辑力量：因果图的概念及其应用［J］．社会，2022（3）．

［148］孔东民．有限套利与盈余公告后价格漂移［J］．中国管理科学，2008（6）．

［149］李斌，冯佳捷．中国股市的公司质量因子研究［J］．管理评论，2019（3）．

［150］李斌，邵新月，李玥阳．机器学习驱动的基本面量化投资研

究［J］.中国工业经济，2019（8）.

［151］李丹，贾宁.盈余质量、制度环境与分析师预测［J］.中国会计评论，2009（4）.

［152］李慧聪，汪敏达，张庆芝.研发背景高管、职业成长路径与高技术企业成长性研究［J］.管理科学，2019（5）.

［153］李丽青.《新财富》评选的最佳分析师可信吗？——基于盈利预测准确度和预测修正市场反应的经验证据［J］.投资研究，2012（7）.

［154］李明斐，李丹，卢小君，等.学习型组织对企业绩效的影响研究［J］.管理学报，2007（4）.

［155］李青原.研发和广告支出摊销：费用化还是资本化——来自我国制造业上市公司的经验证据［J］.财会通讯（学术版），2006（10）.

［156］李维安，李汉军.股权结构、高管持股与公司绩效——来自民营上市公司的证据［J］.南开管理评论，2006（5）.

［157］李雪灵，姚一玮，王利军.新企业创业导向与创新绩效关系研究：积极型市场导向的中介作用［J］.中国工业经济，2010（6）.

［158］廖理，廖冠民，沈红波.经营风险、晋升激励与公司绩效［J］.中国工业经济，2009（8）.

［159］刘宝华，王雷.业绩型股权激励、行权限制与企业创新［J］.南开管理评论，2018（1）.

［160］刘博，皮天雷.惯性策略和反转策略：来自中国沪深 A 股市场的新证据［J］.金融研究，2007（8）.

［161］刘广生，马悦.中国上市公司实施股权激励的效果［J］.中国软科学，2013（7）.

［162］刘国亮，王加胜.上市公司股权结构、激励制度及绩效的实证研究［J］.经济理论与经济管理，2000（5）.

［163］刘学文.中国股市投资者情绪测度指标的优选研究［J］.中国管理科学，2019（1）.

［164］刘跃.长、短时间期限行为因子的定价效率研究［D］.大连：东北财经大学，2021.

［165］刘云菁，伍彬，张敏.上市公司财务舞弊识别模型设计及其应用研究——基于新兴机器学习算法［J］.数量经济技术经济研究，2022（7）.

［166］鲁臻，邹恒甫.中国股市的惯性与反转效应研究［J］.经济研究，2007（9）.

［167］陆蓉，陈实，李金龙.彩票型股票与动量效应［J］.经济学动态，2021（7）.

［168］孟庆斌，李昕宇，蔡欣园.公司战略影响公司违规行为吗［J］.南开管理评论，2018（3）.

［169］孟庆斌，李昕宇，张鹏.员工持股计划能够促进企业创新吗？——基于企业员工视角的经验证据［J］.管理世界，2019（11）.

［170］苗旺，刘春辰，耿直.因果推断的统计方法［J］.中国科学：数学，2018（12）.

［171］潘莉，徐建国.A股个股回报率的惯性与反转［J］.金融研究，2011（1）.

［172］彭纪生，仲为国，孙文祥.政策测量、政策协同演变与经济绩效：基于创新政策的实证研究［J］.管理世界，2008（9）.

［173］齐旭高，齐二石，周斌.组织结构特征对产品创新团队绩效的跨层次影响——基于中国制造企业的实证研究［J］.科学学与科学技术管理，2013（03）.

［174］钱苹，罗玫.中国上市公司财务造假预测模型［J］.会计研究，2015（7）.

［175］沈红波，华凌昊，许基集.国有企业实施员工持股计划的经营绩效：激励相容还是激励不足［J］.管理世界，2018（11）.

［176］沈艳，陈赟，黄卓.文本大数据分析在经济学和金融学中的应用：一个文献综述［J］.经济学（季刊），2019（4）.

［177］施先旺，李志刚，刘拯.分析师个体特征差异与预测准确度［J］.会计之友，2015（8）.

［178］宋蔚蔚，孙玉婷.财务柔性、内部控制与企业成长性［J］.财

会通讯，2021（20）.

［179］苏治，卢曼，李德轩.深度学习的金融实证应用：动态、贡献与展望［J］.金融研究，2017（5）.

［180］孙海法，姚振华，严茂胜.高管团队人口统计特征对纺织和信息技术公司经营绩效的影响［J］.南开管理评论，2006（06）.

［181］孙健，王百强，曹丰，等.公司战略影响盈余管理吗？［J］.管理世界，2016（3）.

［182］孙凯，刘祥，谢波.高管团队特征、薪酬差距与创业企业绩效［J］.科研管理，2019（2）.

［183］孙晓涛.周期性行业论析［J］.华北电力大学学报（社会科学版），2012（03）.

［184］唐国豪，姜富伟，张定胜.金融市场文本情绪研究进展［J］.经济学动态，2016（11）.

［185］田轩，孟清扬.股权激励计划能促进企业创新吗［J］.南开管理评论，2018（3）.

［186］仝冰.混频数据、投资冲击与中国宏观经济波动［J］.经济研究，2017（06）.

［187］王爱群，唐文萍.环境不确定性对财务柔性与企业成长性关系的影响研究［J］.中国软科学，2017（3）.

［188］王晓晖.学习型组织文化的差异与影响研究——基于广东地区国有企业和民营企业样本相比较的实证分析［J］.管理世界，2007（11）.

［189］王雄元，彭旋.稳定客户提高了分析师对企业盈余预测的准确性吗？［J］.金融研究，2016（5）.

［190］王永宏，赵学军.中国股市"惯性策略"和"反转策略"的实证分析［J］.经济研究，2001（6）.

［191］王玉涛，王彦超.业绩预告信息对分析师预测行为有影响吗［J］.金融研究，2012（6）.

［192］王昱，杨珊珊.考虑多维效率的上市公司财务困境预警研究［J］.中国管理科学，2021（2）.

［193］王竹泉，宋晓缤，王苑琢 . 我国实体经济短期金融风险的评价与研判——存量与流量兼顾的短期财务风险综合评估与预警［J］. 管理世界，2020（10）.

［194］王竹泉，王贞洁，李静 . 经营风险与营运资金融资决策［J］. 会计研究，2017（5）.

［195］魏立群，王智慧 . 我国上市公司高管特征与企业绩效的实证研究［J］. 南开管理评论，2002（4）.

［196］翁洪波，吴世农 . 我国上市公司价值创造与价值损害的判定分析［J］. 经济管理，2006（8）.

［197］吴超鹏，吴世农 . 基于价值创造和公司治理的财务状态分析与预测模型研究［J］. 经济研究，2005（11）.

［198］吴世农，卢贤义 . 我国上市公司财务困境的预测模型研究［J］. 经济研究，2001（6）.

［199］吴万益，钟振辉，江正信 . 企业文化、组织运作、制造策略与经营绩效之关系研究［J］. 中华管理评论（中国台湾），1999（2）.

［200］吴武清，陈暮紫，黄德龙，等 . 系统风险的会计决定：企业财务风险、经营风险、系统风险的时变关联［J］. 管理科学学报，2012（4）.

［201］吴星泽 . 财务危机预警研究：存在问题与框架重构［J］. 会计研究，2011（2）.

［202］吴育辉，吴世农 . 高管薪酬：激励还是自利？——来自中国上市公司的证据［J］. 会计研究，2010（11）.

［203］伍燕然，江婕，谢楠，等 . 公司治理、信息披露、投资者情绪与分析师盈利预测偏差［J］. 世界经济，2016（2）.

［204］伍燕然，潘可，胡松明，等 . 行业分析师盈利预测偏差的新解释［J］. 经济研究，2012（4）.

［205］邢斐，陈诗英，蔡嘉瑶 . 企业集团、产业生命周期与战略选择［J］. 中国工业经济，2022（6）.

［206］徐淑英，陈晓萍，樊景立 . 组织与管理研究的实证方法（第2

版）[M].北京：北京大学出版社，2012.

[207] 徐万里，孙海法，王志伟，等.中国企业战略执行力维度结构及测量[J].中国工业经济，2008（10）.

[208] 徐晓燕，李桃，陈华.考虑投入产出效率的中小企业财务困境预测方法[J].中国管理科学，2009（1）.

[209] 杨青，吉赟，王亚男.高铁能提升分析师盈余预测的准确度吗?——来自上市公司的证据[J].金融研究，2019（3）.

[210] 杨智，邓炼金，方二.市场导向、战略柔性与企业绩效：环境不确定性的调节效应[J].中国软科学，2010（9）.

[211] 姚加权，冯绪，王赞钧，等.语调、情绪及市场影响：基于金融情绪词典[J].管理科学学报，2021（5）.

[212] 姚加权，张锟澎，罗平.金融学文本大数据挖掘方法与研究进展[J].经济学动态，2020（4）.

[213] 姚远，钟琪，翟佳.噪声交易、动量效应与动量策略[J].管理评论，2021（2）.

[214] 叶康涛，刘金洋.非财务信息与企业财务舞弊行为识别[J].会计研究，2021（9）.

[215] 叶钦华，叶凡，黄世忠.财务舞弊识别框架构建——基于会计信息系统论及大数据视角[J].会计研究，2022（3）.

[216] 伊志宏，李颖，江轩宇.女性分析师关注与股价同步性[J].金融研究，2015（11）.

[217] 易志高，茅宁.中国股市投资者情绪测量研究：CICSI 的构建[J].金融研究，2009（11）.

[218] 尹美群，盛磊，李文博.高管激励、创新投入与公司绩效——基于内生性视角的分行业实证研究[J].南开管理评论，2018（1）.

[219] 于李胜，王艳艳.信息不确定性与盈余公告后漂移现象（PEAD）——来自中国上市公司的经验证据[J].管理世界，2006（3）.

[220] 于忠泊，田高良，张咏梅.媒体关注、制度环境与盈余信息市场反应——对市场压力假设的再检验[J].会计研究，2012（9）.

［221］曾爱民，张纯，魏志华．金融危机冲击、财务柔性储备与企业投资行为——来自中国上市公司的经验证据［J］.管理世界，2013（4）.

［222］张光磊，刘善仕，申红艳．组织结构、知识转移渠道与研发团队创新绩效——基于高新技术企业的实证研究［J］.科学学研究，2011（8）.

［223］张金昌，王大伟．财务困境预警：概念界定与理论辨析［J］.财经论丛，2020（12）.

［224］张然，汪荣飞，王胜华．分析师修正信息、基本面分析与未来股票收益［J］.金融研究，2017（7）.

［225］章雁，樊晓霞．中小板上市公司股权激励与公司绩效实证研究［J］.中国管理科学，2015（S1）.

［226］赵良玉，李增泉，刘军霞．管理层偏好、投资评级乐观性与私有信息获取［J］.管理世界，2013（4）.

［227］赵蒲，孙爱英．资本结构与产业生命周期：基于中国上市公司的实证研究［J］.管理工程学报，2005（3）.

［228］赵志伟．中小企业成长性评价理论方法及其应用研究［D］.天津财经大学，2018.

［229］郑挺国，尚玉皇．基于金融指标对中国GDP的混频预测分析［J］.金融研究，2013（9）.

［230］郑挺国，王霞．中国经济周期的混频数据测度及实时分析［J］.经济研究，2013（6）.

［231］中国企业家调查系统．企业经营者对企业家精神的认识与评价——2009年中国企业经营者成长与发展专题调查报告［J］.管理世界，2009（6）.

［232］中国上市公司内部控制指数研究课题组，王宏，蒋占华，等．中国上市公司内部控制指数研究［J］.会计研究，2011（12）.

［233］周冬华，黄佳，赵玉洁．员工持股计划与企业创新［J］.会计研究，2019（3）.

［234］周开国，应千伟，陈晓娴．媒体关注度、分析师关注度与盈

余预测准确度［J］.金融研究，2014（2）.

［235］周卫华，翟晓风，谭皓威.基于XGBoost的上市公司财务舞弊预测模型研究［J］.数量经济技术经济研究，2022（7）.

［236］周夏飞，周强龙.产品市场势力、行业竞争与公司盈余管理——基于中国上市公司的经验证据［J］.会计研究，2014（8）.

［237］朱武祥，郭洋.行业竞争结构、收益风险特征与资本结构——兼论股票市场资本风险配置效率及融资监管条件的调整［J］.改革，2003（2）.

［238］朱镇，赵晶，江毅.企业电子商务扩散——组织执行力视角的解释［J］.管理评论，2013（9）.

［239］注册估值分析师协会.中国企业资本成本估计参数表（2022版）［R］.2022.

后 记

本书是我近几年在北京第二外国语学院商学院教学及研究的基础之上完成的。在与本书相关的教学、写作和出版过程中，我得到了许多领导和同事，包括但不限于李凡、孟凡哲、李伟、王成慧、代冰彬、骆欣庆、郭斌、陈倩、李博、张帅、高璆崚、于雅楠、孙倩敏、牛越胜、张娟、吴航和张云强等老师的无私帮助。

我的三位导师——马险峰老师、王国成老师和尹晓青老师，在本书的选题立项、框架设计以及具体研究过程中都提供了大量宝贵的建议。也感谢相关领域的前辈，包括肖汉平和喻甫祥等，在跟他们的交流过程中我获益匪浅。

平安科技（深圳）有限公司的王磊博士、北京聚宽投资管理有限公司合伙人王恒鹏、中证金融研究院的王广凯博士、《管理世界》杂志社的张世国博士、国家信息中心的刘明博士、中国社会科学院金融研究所的汪勇博士、广州普策信用评价有限公司的张子范博士等，在本书的写作和修改过程中都提供了宝贵的建议。

在此向各位老师、同事和朋友表示感谢！